DAS KALTENBERGER
RITTERTURNIER

STEFAN KÖNIG · PETER ERNSZT

DAS KALTENBERGE

LANGEN MÜLLER

ⲅR RITTERTURNIER

HERAUSGEGEBEN VON BEATRIX PRINZESSIN VON BAYERN

Mit 180 Abbildungen

INHALT

Liebe Freunde des Kaltenberger Ritterturniers!

Als wir vor einem Vierteljahrhundert die Idee hatten, in Kaltenberg ein mittelalterliches Fest zu veranstalten, da konnten wir alle nicht ahnen, mit welch großer Begeisterung diese zunächst noch kleine Veranstaltung angenommen würde. Und wer mir 1980 gesagt hätte, dass unser Kaltenberger Ritterturnier einmal zu den größten und farbenfreudigsten Festen in Bayern zählen würde, dem hätte ich geantwortet: »Prima. So soll es auch sein« – aber im tiefsten Innern hätte ich ganz erhebliche Zweifel gehabt, ob das zu schaffen sei.

Mittlerweile hat das Kaltenberger Ritterturnier Kultcharakter erlangt, zumindest sagt man ihm das nach. Alljährlich finden mehr als 100 000 Besucher den Weg durch die Jahrhunderte nach Kaltenberg und ins tiefste Mittelalter. Und alle scheinen gleichermaßen begeistert. Kaltenberg ist ein Ereignis quer durch die Generationen – ob Kinder, Eltern oder Großeltern.

Es ist mir eine ganz besondere Freude, die Begeisterung bei den Menschen zu spüren. Zu erleben, wie Ritter und Gaukler, Spielleute und Handwerker zu bezaubern wissen und den Besuchern einen bestimmt unvergesslichen Tag im Mittelalter bescheren. Und zu wissen: Da hat man etwas initiiert, das nicht einfach nur eine Veranstaltung ist, sondern eine Institution: ein Ort und ein Fest, wo sich die Jungen und die Älteren, die Kleinen und die Großen treffen und gemeinsam erleben und gemeinsam feiern. Dass dies gelungen ist, darauf bin ich besonders stolz.

Das nun vorliegende Buch zeigt in großartigen Bildern und eindringlichen Beschreibungen die Geschichte des Kaltenberger Ritterturniers von seiner Entstehung bis heute. Phantastische Aufnahmen vom Turnier, vom Ritterspiel hoch zu Ross oder Mann gegen Mann in der Arena, stehen neben poetischen Momenten des mittelalterlichen Markttreibens. Das Buch erzählt vom Zauber des Mittelalters – und es erzählt vom Schloss Kaltenberg und den Wittelsbachern. Von Turnieren im 13. Jahrhundert ist die Rede und natürlich auch vom Bier, für das Kaltenberg schließlich ebenso bekannt ist wie fürs Turnier.

Das Buch soll eine kleine Hommage sein an alle jene, die von Anfang an und über die Jahre hinweg das Kaltenberger Ritterturnier zu dem gemacht haben, was es nun ist: die Ritter in der Arena, die Künstler und Marktleute, die Organisatoren, Techniker und Helfer hinter den Kulissen.

Und vor allem soll es auch den vielen Freunden des Kaltenberger Ritterturniers eine bleibende Erinnerung sein. Eine Erinnerung an Erlebtes und eine Vorfreude und Einstimmung auf das nächste Ritterturnier in Kaltenberg.

Ich möchte Ihnen allen angenehme Stunden und gute und spannende Unterhaltung wünschen – daheim mit dem Buch, und live dabei beim Kaltenberger Ritterturnier.

Herzlichst

Luitpold Prinz von Bayern

VOM HIER UND JETZT DIREKT INS MITTELALTER

Eine Zeitreise

Das Kaltenberger Ritterturnier ist ein zauberhaftes mittelalterliches Spectaculum. Die perfekte Inszenierung jener deftig-derben, schaurig-schönen, jammervoll armen und zugleich überbordend üppigen Epoche, die, zeitlich vage umrissen, zwischen Karl dem Großen (um 800) und der Erfindung des Buchdruckes (etwa 1450) anzusiedeln ist. Und mit der ein jeder Begriffe verbindet, die heutzutage abenteuerlich nach Pracht und nach Elend klingen: Rittertum, Burgen, Minnesang und Buchmalerei. Hexenwahn und Pest, Kreuzzüge und Inquisition. Schwerter und Schalmeien. Und Nibelungen, Prinz Eisenherz, Ivanhoe und Robin Hood. Und …

In Kaltenberg, beim größten Ritterturnierspiel weltweit, wird das Mittelalter seit 1980 neu inszeniert. Die Idee stammt von Seiner Königlichen Hoheit Luitpold Prinz von Bayern. Im weitläufigen Areal rund um sein Kaltenberger Schloss sollte ein Fest entstehen, das Groß und Klein, Jung und Älter und vor allem auch ihm selbst viel Freude machen sollte. Aber es sollte kein Bierfest sein – was naheliegend hätte erscheinen können, leitet er doch auch die König Ludwig Schloss-brauerei Kaltenberg.

»Nein«, sagte Seine Königliche Hoheit schon damals, »kein Bierfest, sondern etwas mit Poesie und Magie.«

Und er entschied sich für die Erfüllung eines, seines Kindertraumes: Rittersein und Ritter spielen.

»Ich bin ja in einem Schloss aufgewachsen, in Leutstetten, da standen noch richtige Rüstungen in den Fluren, und die haben mich natürlich fasziniert. Und natürlich habe ich als Bub mit Begeisterung Ritter gespielt. Wir haben uns Schwerter aus Holz gebastelt und Lanzen aus langen Stecken, und wir haben heroische Kämpfe ausgetragen ...«

Diese Kindheitsprägungen und wohl auch der Umstand, dass er zum begeisterten Reiter geworden ist, sorgten dafür, dass Prinz Luitpolds Fest zum Mittelalterfest wurde. Zu einer Veranstaltung, die aus dem Feste-Kalender Süddeutschlands

Der erste Eindruck, sobald man das Tor durchschritten hat: Kaltenberg als mittelalterliches Dorf

nicht mehr weg zu denken ist. Die Jahr für Jahr mehr als 100 000 Besucher begeistert. Die internationalen Ruf genießt und die, im Zusammenspiel mit dem beliebten Bier, den winzigen Ort Kaltenberg, etwa 40 Kilometer westlich von München gelegen, zum Begriff hat werden lassen.

Dabei jedoch hätte alles auch anders kommen können. Wie leicht gleitet so ein Vorhaben ins allzu Triviale ab! Die Pferde zu wenig Temperament, die Ritter im wahrsten Sinn des Wortes zu schwerfällig, die ganze Veranstaltung, wie so vielerorts, zu provinziell. Gut gemeint und doch gescheitert. Bei solchen Veranstaltungen kann man sich leicht »verheben« – da wird das Mittelalter schnell zum plumpen Laienspiel.

Über die Geschichte des Kaltenberger Ritterturniers wird man in diesem Buch einiges zu lesen haben, Informatives und Anekdotisches, Ernstes und Heiteres. Dass es sich beim Kaltenberger Ritterturnier nicht nur um das größte, sondern

auch um das faszinierendste Turnierspiel der Welt handelt, das zu erkennen braucht es aber gar nicht erst ein Buch – das spürt man, kaum dass man in Kaltenberg angekommen und auch nur ein paar Schritte durchs Tor gegangen ist.

Das Mittelalter fällt über einen her, nimmt einen gefangen, hüllt einen ein, verwandelt einen schon in den ersten Augenblicken. Ob man will oder nicht: Man wird um Jahrhunderte zurückversetzt, findet sich staunend wieder in einer anderen, längst vergangen geglaubten Zeit. Das geht so rasend schnell, dass man zunächst glaubt, ganz von Sinnen zu sein: Alles, wirklich alles strömt gleichzeitig auf einen ein und an einem vorüber. Fanfarenklänge und Kettengerassel und Burgfräuleingesichter und Narrenkappen und der Geruch von Gebratenem und die Rufe von Herolden und das harte Hämmern des rußigen Schmieds und die Hufe von Pferden und eine vorbeiziehende Meute von Landsknechten und der heisere Marktschreier und Schwertergeklirr und zarter Gesang und das Blut im Gesicht eines Aussätzigen und der scheinheilige Pfaffe mit dem Ablassbrief und drei Kamele und ein schriller Dudelsack und schrill zankende Mägde und verbogene Moriskentänzer und der Duft süßen Gebäcks und die krumme Nase einer Hexe und Figuren auf Stelzen – sind es Menschen? Fabelwesen? Tagträume?

Träumt man? Oder ist das alles Wirklichkeit? Und wenn Wirklichkeit, was für eine? Kaltenberg-Neulingen ist zu empfehlen, gleich nach Betreten des Mittelalters ein paar Schritte zur Seite zu tun, kurz die Augen zu schließen, den Kopf ein paar Mal leicht zu schütteln, eventuell noch mit den Händen die geschlossenen Augenlider für einige Sekunden zu massieren – erfahrungsgemäß erleichtert das den Übergang von der einen in die andere Zeit. Und so gestärkt und erfrischt, tut man sich leichter einzutauchen in diesen üppigen mittelalterlichen Markt, in dieses überschwängliche Treiben, in diese fulminante Fülle von Eindrücken, mit der Kaltenberg seine Besucher erwartet.

Denn das muss vorweg gesagt sein: Das Kaltenberger Ritterturnier ist nicht nur ein Turnier! Jahr für Jahr sorgen mehr als 1000 Mitwirkende in überzeugend authentischer Kostümierung dafür, dass rund ums Turniergelände ein Markt abgehalten wird, der so ziemlich alles bietet, was das Herz begehrt: alte Handwerkstradition und Waren wie aus dem 15. Jahrhundert, kulinarische Köstlichkeiten

Kaltenberg ist berühmt geworden durch sein großartiges Ritterturnier. Die Ritter in der Arena bieten ein atemberaubendes Schauspiel. Und sie werden von Klein und Groß gleichermaßen verehrt und gefeiert.

Folgende Doppelseite: Der mittelalterliche Markt ist alles andere als Narretei – auch wenn der Narr das glauben machen möchte: Hier begegnet man altem, zum Teil schon vergessenem Handwerk. Hier findet man kunsthandwerkliche Erzeugnisse, die es anderswo längst nicht mehr gibt.

21

Kleider machen Leute! Das war dazumal nicht anders als heute. Und zu zeitgemäßem Rock und Beinkleid gehört manch stimmiges Accessoire: Kränzchen für die Maiden, Lederbeutel für die Münzen, Geflochtenes als modisches Beiwerk, das Trinkhorn für den Mann – und Schellen für alle, die sich zum Narren machen wollen ...

und Unterhaltung ohne Unterlass, Musik, Tanz, Theater an jeder Ecke. Und alles »handgemacht«, so authentisch wie nur irgend möglich. Und immer hautnah, man ist selbst mittendrin, ist nicht einfach nur Besucher, sondern gehört dazu, ist willkommen und aufgenommen mitten im Mittelalter.

Schon im Eingangsbereich wird man von einem Hofnarren begrüßt und auf den Arm genommen – im übertragenen Sinn natürlich. Die wahre Stärke der Narren liegt bekanntlich in ihren frechen Sprüchen oder ihrem kessen Schabernack. Wirklich auf den Arm nehmen würde einen vielleicht Anton von Kaltenberg, der Kraftmensch, der einen Ritter samt Pferd in den Himmel heben könnte und dabei nicht ins Schwitzen geraten würde. Richtig auf den Arm nehmen könnten einen sicher auch die Schwarzen Ritter zu Bruck, finstere Gesellen, die schon manch einen an den Pranger gestellt und vor aller Augen geteert und gefedert haben. Aber keine Sorge: Wer sich nichts zu Schulden kommen lässt, muss diese Gestalten in ihren martialischen Rüstungen nicht fürchten ... Diesbezüglich mag es von Vorteil sein, wenn man gleich am Eingang gesenkten Hauptes der Strafpredigt eines Mönches lauscht und wenigstens so tut, als wär' man sich reuig seiner Sünden bewusst. Dann nämlich lässt einen auch der in Ruhe und gibt, auch das in übertragenem Sinne, den Segen zum Weiterziehen.

Und das tut man gerne. Von Marktstand zu Marktstand – an die 100 sollen es sein – die alljährlich für die drei verlängerten Juliwochenenden, an denen das Kaltenberger Ritterturnier stattfindet, aufgebaut werden. Hier legen die Marketender Waren aus, wie man sie heutzutage nur mehr selten findet: Trinkbecher aus Horn. Räucherzeug aus aller Welt. Flöten, Businen und Schalmeien. Silberschmuck aus dem Morgenland. Stulpenstiefel aus weichem Leder. Mützen, Taschen, Jacken aus Filz. Und Grobgeschmiedetes und Goldgeschmiedetes. Kleidung und Schuhwerk. Seifen und Bürsten. Töpferwaren und aus Stein Gehauenes. Schnitzwerk und Tonpfeiferln. Trommeln und Glöckchen.
Und für die Kinder: Schwerter, Schilder und Hellebarden aus Holz, und Helme aus stabilem Karton, kurzum: alles, was ein kleiner Ritter braucht, um sich als ganz großer Ritter zu fühlen.

Etwa 100 Marktstände erwarten in Kaltenberg die Besucher. Vielfalt, Romantik, Poesie. Staunend sieht man den Handwerkern über die Schultern, ist entzückt von Stoffen und von Farben, begeistert vom Schmuck und betört von den Kreationen der »Weihrauchhexe«.

Besonders eindrucksvoll das alte Handwerk und seine Meister, denen man hier über die Schultern schauen kann: Wie der Schmied mit seinen Gesellen die Schwertschneide formt, wie der Seiler die Stricke zieht, wie der Papiermacher die Bögen schöpft, die Drucker sie mit Schrift füllen und die Buchmaler sie mit grazilen Miniaturen adeln, wie der Schuster die Sohlen schneidet und die Stickerin mit feiner Nadel Wappen sticht, wie der Bäcker den Teig für die Rahmbrote rollt und wie der Schindelmacher aus Lärchenholz die Schindeln für die Dächer schneidet. Es berührt einen sonderbar und tief, dass all dies einmal von Hand gemacht und auf solchen Märkten gehandelt worden ist. Dass es keine Maschinen zur Fertigung gebraucht hat, nur Fleiß und Geschick. Man geht über den Markt, lässt sich wie von einem Sog durch die Gassen ziehen, ziellos, willkürlich, man geht links, geht rechts, geht im Kreis, und entdeckt dabei wieder und wieder Neues, bisweilen sogar noch nie Gesehenes. Man kommt an eine Kreuzung zwischen den Marktständen und hat das Gefühl, dass man hier schon einmal war, einem jetzt aber alles anders erscheint. Irgendein besonderer Zauber scheint hier zu herrschen, hier in Kaltenberg.

Und da ist schon etwas dran, auch wenn es nicht in erster Linie Magie ist, die für diese Verwirrung sorgt, sondern vielmehr präzise Regie. Die vielen hundert künstlerisch Mitwirkenden, die Musikanten, Spielleute, Gaukler und Akrobaten treten in unablässiger Folge an immer wieder neuen Spielorten auf. Hat beispielsweise eine Gruppe von Spielleuten gerade noch inmitten des Volkes in der zum Schloss führenden Straße ihre frechen Lieder zum Besten gegeben, so findet man sie nur wenig später auf der Feenbühne oder auf der überdachten Bühne im Schlosshof. Und die Gaukler sind sowieso mal hier, mal dort, ganz einfach überall.

Man könnte sich verlaufen hier in Kaltenberg. Und Hand aufs Herz: Man will das ja auch. Man will sich verlaufen in diesem mittelalterlichen Spiel, und man möchte am liebsten gar nicht mehr herausfinden aus dieser so ganz anderen Welt. Und, das ist das eigentlich so Einzigartige am Kaltenberger Ritterturnier, dass man sich als Besucher gar nicht kostümieren muss und dennoch ganz unausweichlich das Gefühl bekommt, im Mittelalter zu leben, zumindest für einen Tag. Nach Kaltenberg kommt man in dem Glauben, eingeladen zu sein zum großen fest-

lichen Turnier, das ein bayerischer Herrscher im 14. Jahrhundert veranstalten lässt zur Freude des Volkes, zur Ergötzung seiner selbst samt seines Hofstaates und natürlich und nicht zuletzt zum Ruhme und Ansehen der edlen Ritter aus nah und fern.

Es ist schon beim Erzählen vom Kaltenberger Ritterturnier schwierig, nicht ständig Realität mit Spiel zu vermischen, das Mittelalter und die heutige Zeit auseinander zu halten und immer wieder klar zu machen, dass man sehr wohl weiß, es hier mit einer großartigen Inszenierung zu tun zu haben. Aber die Eindrücke sind eben so vielfältig und auch oft so überwältigend, dass man sich beim Schreiben nur allzu leicht hinreißen lässt. Und schon vergisst man, dass unsere heutige Wirklichkeit geprägt ist von Gesundheitsreformen, Umstrukturierungen der Rentenversicherung, Börsenkursen, Arbeitslosenzahlen, Medienspektakeln usw. Und dass der berühmte Schwarze Ritter, verehrt und gefürchtet beim Turnier zu Kaltenberg, eine legendäre Figur ist, aber dass auch er uns nicht helfen kann, wenn es um die Bewältigung unserer heutigen Probleme geht.

Der Schwarze Ritter! Er ist ja nicht nur einer der großen Helden in der Arena zu Kaltenberg, wo knapp 10 000 Besucher Sitzplatz finden, er ist auch die Verkörperung alles Zügellosen. Diese Figur vereint in sich Kühnheit und Heldenhaftigkeit mit Unmoral und Gesetzlosigkeit – ein berüchtigter Haudegen, gefürchtet wegen seiner großen Kampfeskunst, mehr noch gefürchtet wegen seiner Hinterhältigkeiten. Turnierregeln lässt er für sich nicht gelten, Regeln des Anstandes lässt er zumeist links liegen, ein Egoist, der auf Verluste keine Rücksichten nimmt.

Und wie reagieren die Gäste beim großen Turnier? Ob jung oder älter, klein oder groß, den meisten Beifall, die enthusiastischste Unterstützung bekommt der Schwarze Ritter. Und das liegt nicht allein daran, dass Jackie Venon, Chef der französischen »Cascadeurs Associés«, diesen Schwarzen Ritter seit vielen Jahren verkörpert, und zwar auf ganz und gar charismatische Art und Weise. Man braucht nur mal die Männer zu beobachten, viele von ihnen Väter in mittleren Jahren, die mit ihren Sprösslingen, ihren Familien nach Kaltenberg gekommen

Was doch mit geschickten Händen und der Lust am Kunsthandwerk alles erzeugt werden kann! Stundenlang möchte man zuschauen, wenn gesponnen, gewebt und getöpfert wird. Oder wenn der Barbier Rod ó Trottoire sich bereitmacht, den Kunden zu rasieren oder aber auch, ihm einen Zahn zu ziehen ...

Folgende Doppelseite: Der Kaltenberger Schmied und seine rußigen Gesellen sind eine große Attraktion auf dem an Eindrücken so reichen Markt. Wer zuschaut beim unermüdlichen Schlagen und Dengeln, der ahnt, dass hier ein neuer Balmung, ein Schwert, so sagenhaft wie die Nibelungen selbst, entstehen kann ...

Am Nachwuchs herrscht, zum Glück, kein Mangel – das Kaltenberger Ritterturnier und der mittelalterliche Markt werden auf lange Zeit die Besucher zu begeistern wissen.

sind. Man braucht ihnen nur zuzusehen, wenn sie begeistert vom Sitz hochschnellen bei jedem gewonnenen Lanzenkampf des Schwarzen Ritters, wenn sie lauthals anbuhen gegen eine Verwarnung, die der Turniermarschall dem Unbeherrschten in seiner finsteren Rüstung ausspricht.

Kinder sind diese Männer, diese Väter dann wieder. Und nicht nur das: Sie sind selbst Gesetzlose für den Augenblick, schlüpfen für Momente in eine andere Haut, in eine schimmernde Rüstung – und lösen ihre Probleme, wie der Schwarze Ritter sie löst: gnadenlos, brachial und in nibelungengleicher Unverwundbarkeit. So möchte dann ein jeder sein. Und daheim den Nachbarn, der einen angezeigt hat, weil man zur Mittagszeit den Rasen vorm Reihenhaus gemäht hat, den möchte man dann über den Haufen reiten oder ihm mit dem Morgenstern eins drüberziehen ...

Aber, aber! Ist alles nur Spiel. Ein großartiges Turnier, wie es früher viele gegeben hat. So notiert das Bertelsmann-Lexikon zum Stichwort »Turnier« knapp und präzise: »Ritterkampfspiele des frühen Mittelalters bis zur Mitte des 16. Jahrhunderts, nach festen Regeln mit stumpfen (selten auch scharfen) Waffen zur Erprobung der Kampftüchtigkeit. Zuerst bei feierlichen Gelegenheiten an Fürstenhöfen, später auch von Turniergesellschaften durchgeführte Einzel- (Tjost) und Gruppenkämpfe (Buhurt). Das Turnier verbreitete sich von Frankreich aus, wo Gottfried von Preuilly schon vor 1036 Turnierregeln aufstellte.« In der Kaltenberger Arena zeigen die Ritter seit mehr als zwei Jahrzehnten ein Turnierspiel, das spektakulärer nicht sein könnte. Ihr Kampfspiel wirkt so echt, so überzeugend, dass selbst dem kritischsten Besucher immer wieder mal der Atem stockt. Wenn die Pferde in gestrecktem Galopp aufeinander zustürmen, wenn die Ritter die langen Turnierlanzen gegeneinander richten, wenn die Lanzen die Schilder treffen und die Reiter aus den Sätteln stürzen, mitgeschleift werden, wie leblos liegen bleiben, dann glaubt man entsetzt, dass dies alles hier nicht nur ein Schauspiel ist, sondern bitterer, tödlicher Ernst. Aber dann, nach nur wenigen Sekunden, rappelt sich der Gestürzte wieder auf, springt unter dem tosenden Applaus des Publikums auf die Beine, klopft sich den Sand der Arena von der Rüstung und hebt, zur Anerkenntnis seiner Niederlage, ritterlich den Arm.

*Folgende Doppelseite:
Aus dem Hören, Sehen und Staunen kommt man auf dem Markt zu Kaltenberg gar nicht heraus. Und da ist noch etwas: Die Düfte aus den Pfannen und Tiegeln, aus den Backöfen und den Sudtöpfen, lassen einem unweigerlich das Wasser im Mund zusammenlaufen.*

Wüstlinge and Liderliche

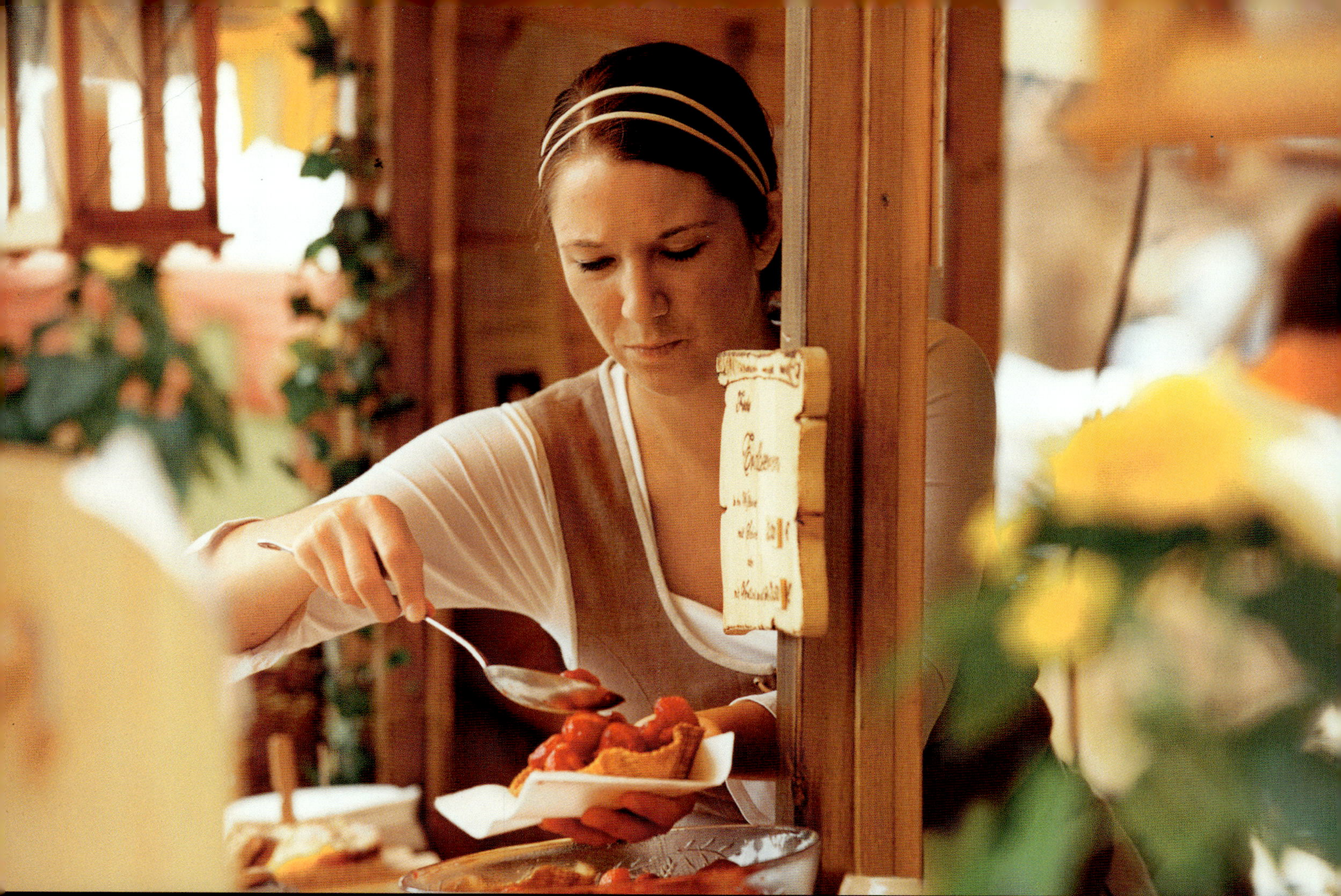

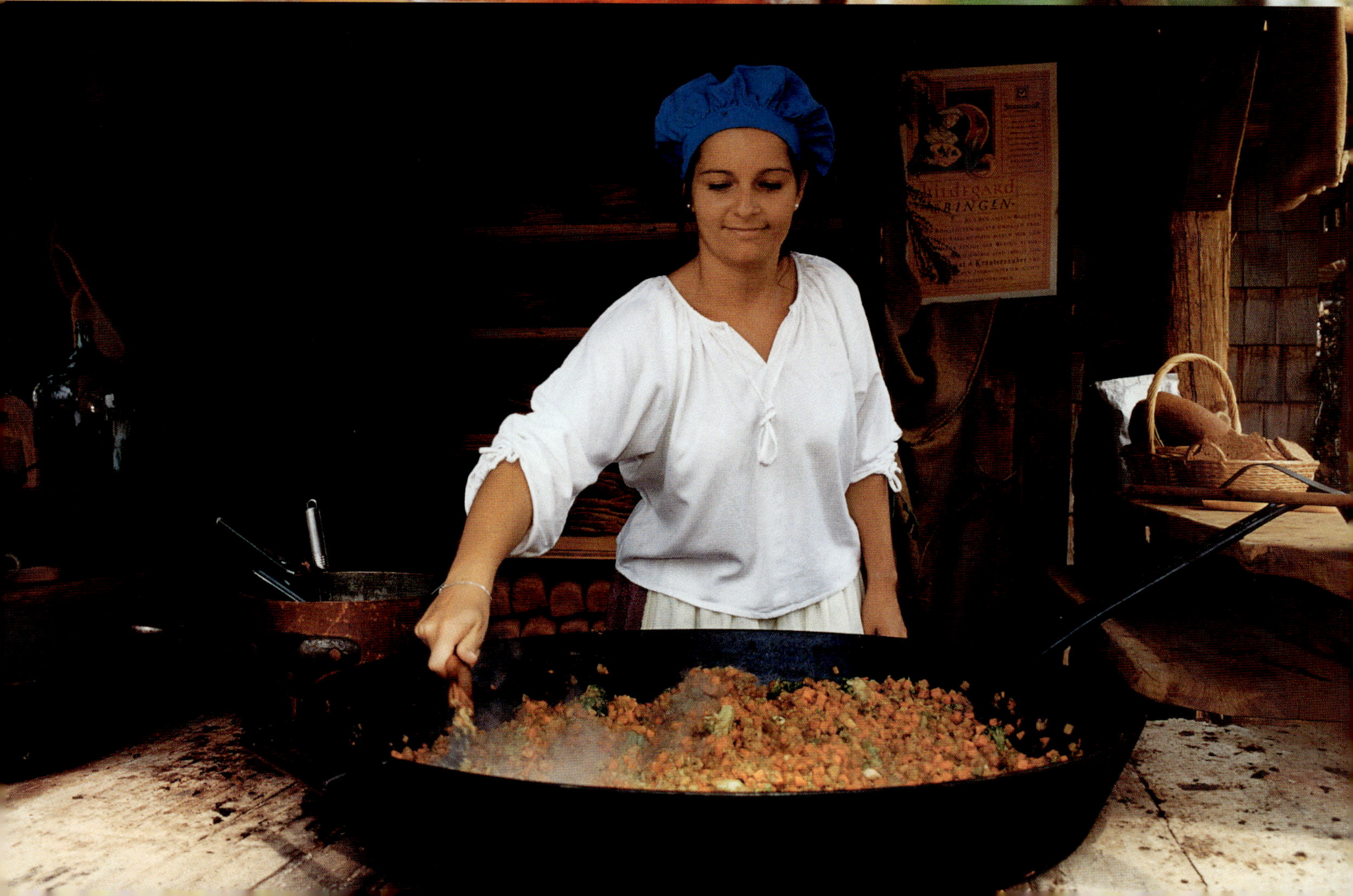

Steckerlfisch und Grillfleisch, Schweinshaxen und Ritterpfandl, Rahmflecken und Schupfnudeln, Brot aus dem Holzofen und »Apfelküachle« zur Nachspeis. Es wird nicht nur jeder satt in Kaltenberg – ein jeder fühlt sich wie im kulinarischen Schlaraffenland.

Ist es desillusionierend, wenn man erzählt, dass es sich bei den Turnierrittern um eine famose Stuntmen-Truppe handelt, die in Sachen Ritter- und Reiterstunts zu den absolut Besten des gefahrvollen Fachs gehört? Verrät man zu viel, wenn man preisgibt, dass natürlich jede Bewegung, jeder Schwerthieb, jeder Lanzenstoß und jeder Sturz vom Pferd wieder und wieder geprobt worden ist, minutiös einstudiert der ganze Turnierablauf – aber nur so ist zu verhindern, dass aus dem Ritterspiel, dem weltberühmten, doch dieser blutige Ernst wird, der dem Kampf nun einmal innewohnt. Das Ritterturnier in Kaltenberg ist perfekte Illusion, ähnlich inszeniert wie ein aufwändiger und monumentaler Kinofilm. Aber im Gegensatz zum Film ist hier alles live! Es gibt keinen Schnitt und es gibt keine soundsovielte Wiederholung einer Szene. Alles muss »sitzen«, kleinste Fehler wären nicht nur sehr störend für die Zuschauer, sie würden auch sofort für Ross und Reiter erhebliche Gefahren mit sich bringen.

Alle Jahre im Juli schlüpfen die »Cascadeurs« in die Rollen von Rittern aus dem Abend- und dem Morgenland. Phantasiefiguren wie zum Beispiel Oleg der Grausame oder Lancelot vom See oder El Cid Campeador oder auch Prinz Leonhardt von Bayern, der freilich mit dem Chef des Hauses, Luitpold Prinz von Bayern, weder verwandt noch verschwägert ist ... Sie agieren als kühne Helden, und sie werden dabei zu Stars, zu den ganz großen Stars der Veranstaltung. Wenn eine Stunde nach dem Ende des Turnierprogramms die Ritter in den Thronsaal kommen, dann warten da schon Hunderte, um Autogramme zu ergattern.

Die Ritter des Turniers wurden verehrt und bewundert im Mittelalter, sie waren jedem Fürsten eine Zier, galten der Jugend als Vorbild und der Damenwelt durchaus auch als Objekte der Begierden. Irgendwann im 16. Jahrhundert scheint es dann ruhiger geworden zu sein um diese mittelalterlichen Gladiatoren – aber seit 1980 ist es wieder soweit: Hier in Kaltenberg werden sie angehimmelt und so frenetisch gefeiert, als hätte das Mittelalter nie aufgehört zu bestehen. Eigentlich kein Wunder. Wenn man bedenkt, wie langweilig ein Fußballspiel (auch hier viele gefeierte »Helden«) oft sein kann – und wie atemberaubend so ein Ritterturnier in Kaltenberg ist.

Folgende Doppelseite: Und mittendrin im Markttreiben, zwischen Handwerkszünften und Gaukelspiel, messen immer wieder Ritter oder Landsknechte ihre Kräfte und zeigen, was ein ganzer Kerl ist ...

Die Ritter des Turniers sind zweifellos die Stars in Kaltenberg. Aber zum Glück wissen alle Beteiligten, dass dies nicht ausschlaggebend ist. Es geht beim Kaltenberger Ritterturnier darum, eine unvergleichliche Atmosphäre zu schaffen und ein lebensfrohes Mittelalter erstehen zu lassen. Das funktioniert. Und es funktioniert deshalb, weil hier alle Mitwirkenden, vor und hinter den Kulissen, mit derselben Begeisterung bei der Sache sind. Und weil diese Begeisterung ansteckend ist, überspringt auf das Publikum. Musikanten, Gaukler, Handwerker, Markthändler, Landsknechte, Akrobaten, Wirtsleute – von wirklich allen hier in Kaltenberg wird das Mittelalter mit Begeisterung gelebt. Ganze Vereine sorgen für größtmögliche Authentizität – und für angeregtes Markt- und Lagerleben.

Und irgendwo, mittendrin, Seine Königliche Hoheit Luitpold Prinz von Bayern, Nachfahre des letzten Königs von Bayern, Ludwig III. (1845–1921). Im Lodenjacket schlendert er über den mittelalterlichen Markt. Schaut sich die Künstlergruppen an, verweilt bei den Aufführungen der Theaterspieler, bewundert alte Handwerkskunst, redet mit den Händlern – und wer genau hinsieht, merkt, dass seine Augen strahlen, weil ihm mit diesem Kaltenberger Ritterturnier etwas ganz und gar Einzigartiges gelungen ist: zum einen und zuallererst eine Veranstaltung, die über Jahrzehnte erfolgreich ist und längst Kultstatus erlangt hat, zum anderen, einen Trend ausgelöst zu haben. Denn wenn heute das Mittelalter boomt, in vielen historisch bedeutenden Orten Märkte und Spiele veranstaltet werden und hinter jeder Burgruine die Musik von Schalmeien und der Gesang der Minnesänger erklingt, so ist das nicht zuletzt zurückzuführen auf Prinz Luitpolds Initiative aus dem Jahr 1980.

Das Kaltenberger Ritterturnier wurde für viele zum Vorbild. Der Erfolg Kaltenbergs machte andernorts Mut, sich ebenfalls aufs Mittelalter einzulassen. Aber freilich freut man sich in Kaltenberg auch darüber, dass das Kaltenberger Ritterturnier trotz aller Nachahmer bis heute unerreicht geblieben ist ...

Böse Zungen haben behauptet, das Ritterturnier sollte eigentlich ein Bierfest werden, bei dem die Besucher dem »König Ludwig Dunkel« und dem »Prinzregent Luitpold Weißbier« gehörig zusprechen könnten. Andere spotteten, nicht ohne Anerkennung im Mundwinkel, dass es sich um des Prinzen privates Oktoberfest

41

Für unzählige Kinder geht beim Kaltenberger Ritterturnier ein Traum in Erfüllung: selbst in eine Rüstung schlüpfen, selbst einmal ein Ritter sein ...

im Juli handle – weil sein Bier nicht in München gebraut wird, kann es nicht auf der berühmten »Wies'n« ausgeschenkt werden ... Dass sein »königliches Bier« durch das Ritterturnier eine gute Werbung erfährt, ist nicht von der Hand zu weisen. Dass er mit dem Ritterturnier etwas geschaffen hat, das nicht irgendein Spektakel ist, sondern eines der größten und populärsten Feste in Bayern, darüber kann sich, zugegeben, Seine Königliche Hoheit herzlich freuen. Aber ein Bierfest sollte das Ritterturnier nie werden. Vom ersten Tag an sollte es ein Fest für die ganze Familie sein, für die Großelterngeneration genauso wie für die Eltern und die Kinder.

Man sieht Prinz Luitpold auf seinem Gelände nirgendwo so froh und so glücklich wie am Rande der Arena, wenn das eigentliche Turnier schon zu Ende ist. Bei den Nachmittagsveranstaltungen gehört die Arena dann nämlich den Kindern, die jetzt ihren großen Idolen, dem Wikinger zum Beispiel oder dem Prinzen Leonhardt oder natürlich und vor allem dem Schwarzen Ritter nacheifern

können. An verschiedenen betreuten Stationen dürfen alle Kinder ihre ritterliche Geschicklichkeit unter Beweis stellen. Eine der witzigsten Prüfungen ist folgende: An einem Torbogen aus Holz ist ein gefüllter Wassereimer befestigt. Nun muss jeder kleine Teilnehmer mit einer stumpfen, stoffumwickelten »Lanze« losrennen, muss durch einen gezielten Stoß den Wassereimer zum Kippen bringen – und dabei so schnell sein, dass er durch das Tor kommt, bevor ihn das Wasser aus dem umkippenden Eimer trifft.

Es ist eine Wonne zuzuschauen, mit welchem Ritterernst die Kinder an diese gefahrlosen und dabei doch so aufregenden Turnierprüfungen herangehen. Hoch konzentriert, begeistert, mit strahlenden Augen und vor Freude roten Wangen und mit so viel ganz berechtigtem Stolz, wenn sie dann vor der Königsloge feierlich zum Ritter und zur Ritterin geschlagen werden. Man darf ruhig davon ausgehen, dass diesen Kindern dieser Tag ganz unvergesslich bleiben wird und dass sie sich ihr Leben lang an all das erinnern: die spannenden Kämpfe der Ritter

... oder auch von einem richtigen Ritter an der Hand genommen zu werden und aufschauen zu können zu einem Helden, der sich vor gar nichts fürchtet.

beim Turnier, die unendlich vielen zu bestaunenden Leute und Dinge auf dem Markt. Und vor allem: selbst dabei gewesen zu sein und mitgemacht zu haben beim Kaltenberger Ritterturnier, dem größten seiner Art auf der Welt.

Prinz Luitpold, der sich einerseits den eigenen Kindheitstraum erfüllt hat mit dem Kaltenberger Ritterturnier·und zugleich jedes Jahr Kindheitsträume so vieler Menschen wahr werden lässt, hat allen Grund, glücklich zu sein. Denn seine Idee, sein Konzept des mittelalterlichen Festes rund um das Schloss Kaltenberg, ist nicht nur veranstalterisch und unternehmerisch ein großer Erfolg. Das Kaltenberger Ritterturnier ist vor allem zu dem geworden, das er sich immer erhofft hat: ein Fest für alle, spannend, lebendig, heiter – und stets mit einem unverkennbar königlichen Touch.

Und mitzumachen gibt es für die Kinder viel: Bei den Nachmittagsveranstaltungen folgt aufs Turnier ein wundervolles »Kinderturnier«. Unter kundiger Anleitung zeigen Buben und Mädchen ihr Geschick.

*Folgende Doppelseite:
Weit mehr als 1000 Mitwirkende geben dem Kaltenberger Ritterturnier, dem größten der Welt, sein(e) Gesicht(er) ...*

DAS SCHLOSS KALTENBERG UND SEINE UMGEBUNG

Ein Hauch vom alten Bayern

Der Ort Kaltenberg ist so klein, dass ihn, gäbe es kein Ritterturnier, kaum jemand kennen würde. Um seine geographische Lage darzustellen, bedarf es in der Regel der Umschreibung »soundsoweit entfernt von ...« Also: etwa 40 Kilometer entfernt von München, 30 von Augsburg, 20 von Fürstenfeldbruck, 20 von Landsberg. Und auch nur ein paar Kilometer entfernt vom Ammersee. In einer sanft welligen Landschaft, von Wiesen und Feldern zu allen Jahreszeiten interessant strukturiert, heißen die Ortschaften Walleshausen und Dünzelbach, Moorenweis und Jedelstetten, und schon beim Klang dieser Namen denkt man an gepflügte Äcker, an Zwiebeltürme, an altbayerisches Land.

Und da mittendrin, auf einer kleinen waldigen Anhöhe, steht das Schloss Kaltenberg, von dem man beim Näherkommen erst einmal nichts sieht als das obere Drittel des neugotischen Turms. Vom Schlossgelände südwärts streckt sich der Ort Kaltenberg hin – ein Anblick, der klar macht, dass hier vor Zeiten die

49

Auf Philipp Apians Bayernkarte von 1563 ist Kaltenberg als »Kalteberg« erstmals geografisch festgehalten (Kreis). Urkundlich erwähnt wurde der Ort schon fast 400 Jahre früher.

Gegenüberliegende Seite: Im Innenhof des Schlosses finden sich Fresken, die von Minnesang und Rittertum erzählen.

Menschen im Schutz und im Schatten des Schlosses gesiedelt und eine eigene Gemeinschaft gebildet haben.

Der Ort findet sich bereits 1179 in den Kirchenbüchern erwähnt. Vom Schloss ist erstmals 1292 als einer von Herzog Rudolf aus dem Geschlecht der Wittelsbacher erbauten Burg die Rede.

Der große Geograph Bayerns, Philipp Apian (1531–1589), zeichnete »Kalteberg« – was bedeutet »keltischer Hügel« – auf der Landkarte ein. Herzog Albrecht V. erteilte ihm im Jahr 1554 den Auftrag, das ganze Land Bayern zu vermessen und eine große Karte herzustellen. Mit Zeichnern und Messgehilfen war Apian insgesamt acht Jahre lang vermessend in Bayern unterwegs. 1563 konnte er dann seinem Auftraggeber die gewünschte Karte überreichen: das handgezeichnete Exemplar maß 25 Quadratmeter!

Sicherlich war der Herzog beeindruckt; er wusste aber auch, dass diese großflächige Karte nicht allzu praktikabel war: Apian sollte daraufhin 24 Holzschnitte fertigen, im Maßstab verkleinert. Als Apians 24 »Landtafeln« sind diese Arbeiten in die Geschichte eingegangen – und auf Tafel 17 findet man, bei genauerem Hinsehen, »Kalteberg«.

Zur Zeit Philipp Apians hatte das Schloss allerdings schon eine wechselvolle Geschichte hinter sich: Eine Zeit lang war es vom ritterlichen Geschlechte »derer von Haldenburg« bewohnt – eine Familienfehde führte dazu, dass es in Schutt und Asche gelegt wurde. Um 1420 soll es von einem Adeligen aus

Augsburg neu und komfortabler wieder aufgebaut worden sein. Und Mitte des 15. Jahrhunderts findet man dann erstmals eine »Tafern« im Schloss erwähnt, eine Taverne – ob damals auch hier noch vor allem Wein ausgeschenkt worden ist, lässt sich freilich nicht mehr ergründen. Wie im Kapitel über das Kaltenberger Bier nachzulesen ist, war im Mittelalter nicht Bier das bayerische Volksgetränk, sondern Wein ...

Und auch nach der Anfertigung von Apians »Landtafeln«, 1563, ging es in Kaltenberg unruhig weiter. Der Eigentümer musste 1611 aufgrund hoher Schulden das Schloss an die Jesuiten abgeben, das dann während des 30-jährigen Krieges, im Jahr 1633, von den Schweden geschleift und bis auf die Grundmauern zerstört wurde. Aber kaum dass die Schweden fort waren, begannen die Jesuiten auch schon damit, Kaltenberg wieder aufzubauen.

Von 1781 an fand in Bayern der Malteserorden (seit 1530 der Name des Johanniterordens) Ausbreitung. Die enge Verbindung von weltlicher und geistlicher Herrschaft führte dazu, dass Schloss Kaltenberg in den Besitz der Malteser überging.

Aber wieder standen politische Umwälzungen an: 1803 war das Jahr der Säkularisation, und mit diesem Begriff verbindet man gedanklich das Ende 1000-jähriger Tradition, Klosterauflösungen, den Abbruch von Klosteranlagen, die Verschleuderung wertvoller Kunstgegenstände. »Die Aufhebung der Klöster«, so der Katalog zur Ausstellung »Glanz und Ende der alten Klöster«, die 1991 in Benediktbeuern gezeigt worden ist, »war aber auch ein wichtiger Schritt hin zur Entwicklung des modernen Staates«.

Der Maler Lorenzo Quaglio lebte im 19. Jahrhundert einige Zeit im Kaltenberger Schloss. In zeitgemäß romantisierendem Stil malte er 1845 diese Ansicht vom Ostturm ...

Nach der Säkularisation wurde Kaltenberg zeitweise Wohnsitz des Malers Lorenzo Quaglio des Jüngeren (1793-1869) von dem Gemälde des Schlosses Kaltenberg im zeittypisch romantisierenden Stil erhalten sind. Apropos Romantik: Lorenzo war der Bruder des weit berühmteren Domenico Quaglio, der als einer der bedeutendsten Vedutenmaler seiner Zeit gilt und der außerdem als Architekt, Innenarchitekt und Bühnenbildner Erfolge feierte.

Um 1848 wurde das Schloss renoviert. Der heute noch vorherrschende neugotische Stil stammt aus dieser Zeit. Im Jahr 1870 wurde eine Brauerei eingerichtet, die allerdings nicht den Anfang des Brauwesens in Kaltenberg markiert: Schon lange vorher ist hier für den Eigenbedarf im Schloss und im Dorf gebraut worden. Auch während der Kirchenherrschaft – waren es doch insbesondere Mönche, die das Bier zum Grundnahrungsmittel erhoben, weil es ihnen auch während der kulinarisch kargen Fastenzeit als besondere Wohltat gestattet war.

Mit Luitpold Prinz von Bayern erlebte knapp hundert Jahre später nicht nur die Brauerei ihren großen Aufschwung. Der damals gerade mal 25-jährige Wittelsbacher zog ins Schloss, das 1955 wieder in den Besitz seiner Familie gelangt war, und begann umgehend damit, aus der Brauerei ein florierendes Unternehmen zu machen, das sich einerseits der Wittelsbacher Tradition und der altbayerischen Wurzeln immer bewusst ist, und das andererseits national und international wettbewerbsfähig werden musste in einem vereinten Europa und auf internationalem Niveau. Und er brachte – nach Apian – Kaltenberg noch einmal auf die Landkarte, sprich: ins Bewusstsein der Menschen – mit dem Kaltenberger Ritterturnier ...

... und auch dieses Bild, das die Südfassade des Schlosses und den bis heute so erhaltenen Westturm zeigt.

Wer heute nach Kaltenberg kommt, erlebt ein stets offenes Schlossgelände, das allein schon den Spaziergang wert ist. Das ganze Jahr über erinnern verschiedene Bauten, Türme, Tore, Tennen an das alljährlich im Juli stattfindende Ritterturnier. Man geht durch das Gelände mit seinem üppigen Baumbestand, vorbei an der »Ritterschwemme«, wo man sich eigentlich drei Weißwürste und dazu ein »Prinzregent-Luitpold-Weißbier« schmecken lassen sollte. Aber aufgepasst: Hier gilt noch, dass es Weißwürste nur bis zwölf Uhr mittags gibt! – und dann steht man plötzlich vor einem schmiedeeisernen Torbogen und einer Brücke über einen Burggraben. Und vor einer Burg oder einem Schloss, und man fragt sich zuerst einmal, ob dieses prachtvolle Bauwerk etwa auch ein Relikt des Kaltenberger Ritterturniers ist oder doch etwa echt?

Es ist nicht überliefert, dass es bereits im Mittelalter Ritterturniere auf Kaltenberg gegeben hat. Aber es ist belegt, ...

Es ist echt, dieses Kaltenberg, in seiner eigenwilligen Mischung aus Burg und Schloss mit seinen blau und gelb grauteten Fensterläden, mit Wappen und Ornamenten an den Zinnen, den wundervollen Spitzerkern am Turm. Im Durchgang zum Schlosshof befindet sich der Eingang ins »Schloss-Restaurant«, das nicht nur für seine niveauvolle Küche bekannt ist, sondern auch für sein stilvolles Ambiente: holzgetäfelte Wände, farbenfrohe Glasarbeiten, ein ehrwürdiger Kachelofen – es scheint fast so, als wäre hier die Zeit an einem besonders guten und besonders schönen Tag im späten Mittelalter stehen geblieben ...

Im Nordtrakt des Schlosses wird bis heute das »König Ludwig Dunkel« gebraut, eines der populärsten und beliebtesten Erzeugnisse des Hauses. Im Ostteil sind die Büros der »Ritterturnier Kaltenberg Veranstaltungs GmbH« untergebracht. Im Südtrakt mit dem eindrucksvollen Turm, der Lorenzo Quaglio schon fasziniert hatte, lebt Luitpold Prinz von Bayern mit seiner Familie.

Vom Turm übrigens, der allerdings nicht öffentlich zugänglich ist, genießt man einen herrlichen Ausblick über die Landschaft. Und es wird einem nur allzu bewusst, dass diese vom Tourismus ansonsten wenig beachtete Ecke Oberbayerns so viel noch zu bieten hat: Radwanderwege von Dorf zu Dorf, Rundwanderungen, markiert und ausgeschildert – ruhige und beschauliche Stunden fernab jeglichen Trubels. Und kleine und große Ausflüge in die Kultur und Geschichte: zur Benediktinerabtei St. Ottilien zum Beispiel oder zur Kirche von Eresing, wo sich Spätgotik und Rokoko ergänzen und wo, ein Stück außerhalb des Ortes und in einer Kapelle gefasst, die St. Ulrichs-Quelle sprudelt: Diesem Wasser wird besondere Heilkraft bei Augenerkrankungen nachgesagt, und man trifft hier immer Leute, die es in Kanister füllen so wie es wahrscheinlich vor Hunderten von Jahren die Menschen in Fässern geholt haben, in der Hoffnung, dass es ihnen Heilung oder zumindest Linderung bringt.

... dass es im späten 14. Jahrhundert in Schutt und Asche gelegt worden ist. Um 1420 erstand aus den Ruinen ein neues und schöneres Schloss.

55

Und dann ist es natürlich auch nach der Stadt Landsberg nicht weit, die in ihrer Anlage und ihren Bauten bis heute viel vom Mittelalter spüren lässt, und über die der Historiker Wilhelm Hausenstein schrieb:

»Wissen wir genug, was für eine Kostbarkeit wir an Landsberg besitzen? Alles ist beisammen: die Schönheit der Lage an dem romantischen Lech und in einem Gebäude, das sowohl den Reiz der Ebene als den anregenden Schwung eines bergan bewegten Erdbodens besitzt; das Behagen und die große Form; die Freiheit des Stadtbildes und die gemütliche Umhegtheit ...«

Diese Schilderung ist nun schon ein Dreivierteljahrhundert alt, und obwohl sich seither einiges verändert hat, ist sie doch immer noch stimmig und zutreffend.

Und überhaupt: Ein wenig Nostalgie wollen doch alle atmen und schmecken. Die Besucher beim Ritterturnier, die sowieso! Aber auch die Spaziergänger auf den stillen Feldwegen oder die Kulturbeflissenen, die mit dem Kunstführer in Händen vor Denkmälern stehen. Und die Genießer, die vor der »Ritterschwemme« im Biergarten sitzen und einen milden Tag ausklingen lassen.

Irgendwie ist dieses Kaltenberg nicht nur im Juli der Mittelpunkt der (mittelalterlichen) Welt ... Und gar nicht so weit entfernt von München und von Augsburg, von Landsberg und von Fürstenfeldbruck.

Eigentlich ganz nah!

Schloss Kaltenberg – das ist ein Stück bayerische Geschichte. Und das Kaltenberger Ritterturnier ist aus dem bayerischen Veranstaltungskalender nicht mehr wegzudenken.

DAS GRÖSSTE RITTERTURNIER DER WELT

Geschichte und Geschichten zu Kaltenberg und seinem berühmten Fest

Es gibt ganz ohne Zweifel wichtigere Daten in der Geschichte des Hauses Wittelsbach als das Jahr 1980. Die Geschichte dieses bayerischen und weit über Bayern hinaus wirkenden Adelsgeschlechts ist geprägt von Kaisern und Königen, von Prinzregenten und Herzögen, von großer Politik und großem Prunk, aber unvermeidlich auch von tragischen Zeiten und Begebenheiten. Über 800 Jahre haben die Wittelsbacher bayerische, deutsche, europäische Geschichte geschrieben, und oftmals hat eine Aktion eines ihrer Herrscher genügt, um sogar die Landkarte Europas zu verändern. Im Vergleich dazu ist das Jahr 1980 natürlich von minderer Bedeutung.

Und doch ist es das Jahr, das für Seine Königliche Hoheit Luitpold Prinz von Bayern, Urenkel des letzten Bayernkönigs Ludwig III., als richtungsweisend gelten darf. 1980 ist das Jahr des ersten Kaltenberger Ritterturniers, einer Veranstaltung, die in den Folgejahren zu einem Topereignis in und für Bayern werden sollte, die international Anerkennung fand und die, so ganz nebenbei, den winzigen Ort

Kaltenberg, zwischen München und Landsberg gelegen, den Menschen ins Bewusstsein brachte.

Dabei hat alles ganz bescheiden angefangen. Prinz Luitpold hatte im Jahr 1976 die »Königlich Bayerische Bierbrauerei« in Kaltenberg übernommen, und zwar mit dem Vorsatz, aus dem sehr regional agierenden Betrieb eine bedeutende Braustätte zu machen. Mit dem ihm eigenen Elan ging er die Sache an, und er fand in der englischen Whitbread-Brauerei einen großen Partner für den Export. Das »Royal Kaltenberg« – »Brewed by a Prince, fit for a King« (»Vom Prinzen gebraut, gut für den König«) – fand auf der Insel begeisterte Zustimmung. Und als der Prinz in Sachen Bier sich in London

Waren das noch Zeiten! Beim 1. Kaltenberger Ritterturnier ging es noch nicht ganz so dramatisch zu wie heute ...

aufhielt, stieß er im Burggraben des Tower auf ein ganz besonderes Spektakel. Nach altem Vorbild wurden hier Tjoste inszeniert, Ritterturniere mit Rössern und Reitern, mittelalterliche Kämpfe in historischer Umgebung: Ein Spiel um den legendären und gefürchteten englischen König Henry VIII. und seine sechs Gemahlinnen.

Max Diamond, britischer Stuntman und Star der Tower-Aufführung, erinnert sich in seiner Autobiografie »Just a Minute«: »1977 bekam ich einen Brief von einem Bekannten, in dem der sich auf Luitpold Prinz von Bayern berief. Der hatte mich offensichtlich am Tower of London gesehen ... und hatte nun die Idee, in seinem Kaltenberger Schloss anlässlich der 800-Jahr-Feier seiner Wittelsbacher Familie 1979 ein Ritterturnier zu veranstalten. Aber ich hörte nichts mehr von dieser Sache bis 1980, als ich einen Brief vom Prinzen persönlich bekam.«

Zum Familienjubiläum war das Turnierspiel noch nicht realisierbar gewesen. Aber als nun 1980 ein Wirtschaftsgebäude auf dem Schlossgelände in eine Gastwirtschaft umgebaut wurde, da bot sich doch eigentlich an, die Eröffnung der »Schwemme«, wie dieses Bierlokal auf gut altbayerisch heißt, mit einem besonderen Fest zu feiern: mit einem Ritterturnier, mit Max Diamond und seiner englischen Stunttruppe, mit bayerischen Rittern dazu, mit Tjost und Prost. So fing alles an.

Folgende Doppelseite:
Das Wichtigste beim Ritterturnier ist, gemäß alter Regel, gut geschützt und möglichst unverwundbar zu sein ...

59

Am 1. April 1980 war dann bei Gesellschaftskolumnist Michael Graeter in der »Münchner Abendzeitung« zu lesen: »Vom 15. bis 24. Juni veranstaltet er auf Schloss Kaltenberg Ritterturniere und, ›andere mittelalterliche Sportarten‹, und lässt ein Bierzelt aufbauen. Prinz Luitpold: ›Ich habe durch meine englischen Beziehungen eine Rittertruppe aufgetan, die so kämpft, wie es früher war – mit Rüstung und Stangen. Das sind lauter Stuntmen, die das gut beherrschen.‹«

In den ersten Jahren stieg Beatrix Prinzessin von Bayern zur Turniereröffnung in den Sattel.

Wie das dann war mit dem Ritterturnier und den anderen »mittelalterlichen Sportarten«, kann man sich gar nicht mehr vorstellen, wenn man das heutige Kaltenberger Ritterturnier kennt.

»Das Fest war angekündigt für den Juni 1980, aber die Arbeiten an der Gastwirtschaft konnten nicht rechtzeitig fertig gestellt werden«, erzählt Prinz Luitpold.

»Wir haben dann halt ein Bierzelt aufgestellt und die örtliche Blaskapelle spielen lassen. Auf der ›Meranerwiese‹, wie das Gelände dort geheißen hat, ist mit Stricken ein Turnierplatz abgegrenzt worden. Parallel zum Platz Tribünen mit drei Reihen, da haben so etwa 200 Leute Platz gefunden.«

In diesem ersten Jahr des Kaltenberger Ritterturniers ging die Veranstaltung über zwei Wochenenden und über die Werktage dazwischen. Die Hausener Feuerwehr wurde als Ordnungsdienst gewonnen, junge Mädchen gingen mit Körben herum und verkauften Eintrittskarten.

Prinz Luitpold kann sich das Schmunzeln nicht verkneifen, wenn er an diese Anfänge des Turniers zurück denkt. »Damals haben wir weder geglaubt, dass es eine Wiederholung im nächsten Jahr geben würde, noch, dass daraus ein Ereignis von internationalem Format und Renommee werden könnte. Das Rahmenprogramm bestand aus einem Flohmarkt, als ›Fanfarenzug‹ musste die Bergknappenkapelle Peissenberg in ihren Uniformen herhalten, und im Bierzelt ist die Erni Singerl zusammen mit Rittern und der örtlichen Blasmusik aufgetreten ...«

So war das also, als am 15. Juni 1980 die Geschichte ihren Anfang nahm, als Prinz Luitpold und seine Gemahlin Prinzessin Beatrix auf edlen Pferden auf dem Turniergelände einritten, als einige Hundert Besucher das Schauspiel erleben wollten und gleich am ersten Tag das Bayerische Fernsehen kam und das 1. Kaltenberger Ritterturnier bayernweit ins Fernsehen brachte, kaum dass die ersten Streitäxte, die ersten Schwerter und Lanzen aufeinander getroffen waren. Am zweiten Tag waren 7000 Leute da!

Auf der Tribüne war aber nur Platz für ungefähr 200 Besucher, und überhaupt fehlte die Infrastruktur fast völlig: Die Parkplätze waren unzureichend, es gab zu wenig zu essen, es gab zu wenig Ordnungspersonal. Bier gab es genug, schließlich war die Brauerei nur ein paar Schritte vom Turniergelände entfernt, und es war kein Problem, Fass um Fass zum Ausschank zu rollen. Aber ansonsten fehlte es an allen Ecken und Enden. Doch es war ein heilsamer und – wenn diese Bezeichnung überhaupt auf irgendetwas passen kann – ein positiver Schock. Das Ritterturnier fand sein Publikum. Und es fand es in viel größerem Maße, als man sich das in Kaltenberg vorgestellt hatte. Dieses erste Jahr bot den Besuchern eine vorzügliche Stunttruppe um Max Diamond, dazu eine familiäre Atmosphäre irgendwo zwischen Mittelalter und Altbayern, und das Gefühl, bei einem besonderen Ereignis dabei gewesen zu sein.

Der Hausherr war sich dessen voll bewusst, dass man sich auf diesem Anfangserfolg nicht würde ausruhen können. Er war und ist ein Perfektionist, einer, der auf jedes Detail achtet, dabei das Große und Ganze nie aus dem Blick verliert, der etwas Besonderes bieten will, sei es bei seinen Brauereierzeugnissen, sei es bei einer Veranstaltung, und der sich immer wünscht, dass ein besonderes Flair dabei zu spüren ist.

Die Idee zum Ritterturnier kam ihm nicht von Ungefähr. »Das führe ich zurück auf die Kinderzeit. Wie die meisten Buben auch, habe ich mit Begeisterung Ritter gespielt. Ich erinnere mich an die einfachen Holzwaffen, Schilder und Schwerter, und natürlich an die Tugenden, die auch im Spiel vonnöten waren: Ritterlichkeit, Treue, Mut. Natürlich haben wir auch Indianer und Cowboy gespielt, Räuber und Gendarm – es gab für alles so eine Phase. Aber das Mittelalter scheint mich eben nachhaltig beeindruckt zu haben. Im Schloss Leutstetten, in dem ich groß geworden bin, steht bis heute die schwere Rüstung

Sammlerstück: Das Plakat vom 1. Kaltenberger Ritterturnier ist längst eine heiß begehrte Rarität.

Die Geschichtenerzähler ent-
führen die Besucher in die
Welt der Märchen und der Le-
genden ...

Christof des Starken. Die hatte es mir angetan. Diese Begeisterung fürs Mittelalter aus meinen Kindertagen war sicher mit ein Grund, dass hier das Kaltenberger Ritterturnier entstand.«

Die Zukunft freilich musste königlicher sein! Aus der Veranstaltung zur Eröffnung
eines Ausflugslokales musste inszeniertes Mittelalter werden – eine schöne Illusion für alle Altersschichten, für Erwachsene genauso wie für Kinder. Aber das
war bei weitem nicht so einfach, wie man sich das heute vorstellt. Denn diesen
Mittelalterboom, der heute herrscht, der Feste an bald jeder Burgruine und
gleich mehrere Fachzeitschriften hervorgebracht hat, gab es noch nicht. Er wurde
eben erst losgetreten, und zwar in besonderem Maße vom Ritterturnier zu
Kaltenberg. Diese Veranstaltung mit ihrem starken Publikumszuspruch rief sofort Nachahmer auf den Plan. Überall in Deutschland und in den Nachbarlän-
dern entstanden im Laufe der Zeit ähnliche Festivitäten. Und es entstand eine
»Mittelalter-Szene«: Musiker, Marktleute, Handwerker, Gaukler, Landsknechte,

die nach Möglichkeiten suchten, ihre Kunst oder ihr Kunsthandwerk feil zu bieten.

... und in dieser Welt wimmelt es nur so von guten und von bösen Hexen.

1980 aber war es noch überaus schwierig, die richtigen Leute zu finden für einen richtigen mittelalterlichen Markt. Denn eines war völlig klar: Mit einem Flohmarkt konnte es nicht weitergehen. Was man jetzt angehen musste, war ein richtiger mittelalterlicher Markt mit seiner üppigen Vielfalt, mit seinen sinnlichen Reizen, einer Szenerie voller Poesie und Magie, kurzum: Prinz Luitpold wollte etwas Einmaliges, wollte es unbedingt, auch wenn er ahnte, dass der Weg dorthin noch hart und steinig sein würde.

Die nächsten Monate vergingen damit, zunächst einmal altes Handwerk zu suchen und zu finden. Der Hausherr aktivierte die Mitarbeiter der Kaltenberger Brauerei, Freunde, Bekannte. Es musste ja nicht gleich das Mittelalter sein, aber zumindest Handwerk und Kunsthandwerk, das in Vergessenheit geraten oder selten geworden war. Die Menschen sollten sich freuen an handwerklichem Geschick, an der Möglichkeit, einem Schmied oder einem Schindelmacher oder einem Drechsler oder einem Instrumentenbauer bei seiner Arbeit über die Schulter schauen zu können. Denn schon damals konnte man sich die Frage stellen: Wissen Kinder eigentlich noch, dass es das Feuer braucht, um Eisen zu biegen? Oder wissen sie nur noch, wo es was im Baumarkt zu finden gibt?

So hielt im zweiten Jahr des Kaltenberger Ritterturniers das Handwerk Einzug – von Jahr zu Jahr wurde dieser Markt größer und an Attraktionen reicher, und irgendwann war es dann jener Kaltenberger Markt, der es allein schon wert war, diese Veranstaltung zu besuchen.

Was die Kostümvielfalt anging, gab es schon einen bemerkenswerten Fortschritt. Die Neuburger Stadtwache und der Fanfarenzug konnten zur Mitwirkung gewonnen werden. Das Treiben wurde bunter, die Bilder wurden eindringlicher – kleine Skurrilitäten inbegriffen. So wurde 1981 ein »gestrandeter« Wanderzirkus gleichsam als Attraktion für die Kinder in der Nähe des Turniergeländes aufgebaut. Wobei wahrscheinlich die Erwachsenen den größten Spaß hatten, wenn die Ehrengäste des Ritterturniers auf einem dressierten Schwein durch die Manege ritten ...

Verbessert war auch schon die Infrastruktur: Von der US-Army konnten Aluminium-Tribünen ausgeliehen werden, acht Stück mit jeweils sechs Reihen, was immerhin schon 1200 Sitzplätze ergab.

Und noch etwas war neu in diesem zweiten Jahr: Weil das erste Ritterturnier so gelungen war, meldeten sich jetzt plötzlich bayerische Ritter, einige stattliche Männer aus dem Münchner Raum, ausgestattet mit Rüstungen aus dem Kostümverleih und versehen mit einem bajuwarischen Selbstvertrauen, das ihnen sogar die Angst vor den professionellen englischen »knights« nahm. Sieben bayerische Ritter um ihren Wortführer Fred Huber traten 1981 gemeinsam mit den Engländern – und auch gegen sie an.

»Das war schon sehr nett«, erinnert sich Beatrix Prinzessin von Bayern, die Gemahlin von Prinz Luitpold. »Aber die Turnierspiele waren sehr langsam im Vergleich zu heute. Die bayerischen Ritter waren ja keine professionellen Stuntmen. Sie machten ihre Sache wirklich gut. Es gehört nämlich schon Mut dazu, im Galopp auf den Gegner loszureiten und mit dem Schild den Lanzenstoß abzu-

Der englische Stuntman Max Diamond war der erste große Turnierritter in Kaltenberg.

wehren. Den Zuschauern gefiel die Sache. Natürlich wussten wir, wenn das Kaltenberger Ritterturnier Bestand haben sollte, musste die Turniershow noch professioneller werden, spannender, rasanter ...«

Max Diamond erinnert sich ebenfalls gern an dieses Jahr in Kaltenberg, doch sind seine Erinnerungen nur zum Teil deckungsgleich mit denen seiner königlichen Auftraggeber: »In Kaltenberg war das kein Turnier mit wirklichem Wettbewerbscharakter. Wir hatten vor allem Spaß an der Sache, und nach jeder Tjost saßen wir in der Wirtschaft, stießen miteinander an und schworen uns ewige Freundschaft und Treue, wie das wohl auch in den alten Tagen so üblich war ...«

Aber es gab eben nicht nur diese gemütlichen Augenblicke. Ein Ritterturnier ist, selbst wenn es mit stumpfen Waffen und nur zur Begeisterung der Menschen dargeboten wird, voller Gefahren. Diamond, der die bayerischen Ritter auch beraten hatte, erinnert sich an seinen ersten Ritterturnierkampf gegen Fred Huber: »Meine Lanze traf seinen Schild sehr hart. Aber sie rutschte über die Kante ab und streifte seinen Helm. Es war ein Wunder, dass der gute Mann nicht von seinem großen schwarzen Hengst flog ... Ich nehme an, dass er den Schild nicht ganz richtig gehalten hat. Wenn der Schild gerade gehalten wird, kann er die Lanze abwehren ...«

Das hätte schlimm ausgehen können. Aber ein bisschen Glück gehörte und gehört natürlich immer dazu, wenn eine derart außergewöhnliche Veranstaltung durchgeführt wird.

Apropos Glück: 1982 wurde in München der »Weltkongress der Young Presidents' Organisation« abgehalten. Diese Vereinigung erfolgreicher Unternehmer, genauer: von Direktoren, die maximal 49 Jahre alt sind, erbat sich, sozusagen als außergewöhnliches Rahmenprogramm zum Meeting in München, eine Exklusivaufführung des Kaltenberger Ritterturniers. Geld schien dabei keine allzu große Rolle zu spielen. Eine geschlossene Veranstaltung für 1200 Besucher, dazu 1200 Essen – ein Glückstreffer und ein finanzieller Segen für die Verwirklichung neuer Ideen beim Kaltenberger Ritterturnier.

Am Tag der »Young Presidents' Organisation« war auch das Turnierprogramm auf die Wünsche der Gäste abzustimmen. Zum großen Finale kam der Vorsitzende der Organisation, Mr. Don Hanna, als weißer Cowboy auf einem weißen Pferd eingeritten – kleine Reminiszenz an Disneyland und Hollywood und an Ameri-

Rechte Seite: Ein »Münchner Barbar« in der Arena.

ka schlechthin, jenes Land, das sich lange seiner unbegrenzten Möglichkeiten rühmen durfte. Für diese »geschlossene Veranstaltung« war das in Ordnung.

»Diese Sonderveranstaltung war für uns immens wichtig«, sagt Prinz Luitpold. »Open-Air-Veranstaltungen wie das Ritterturnier sind für die Organisatoren immer eine gefährliche Gratwanderung. Da braucht das Wetter nur für ein paar Tage schlecht zu sein, dann ist das Aus vorprogrammiert. Wir haben unternehmerisch immer alles abgesichert, sind keine unwägbaren Risiken eingegangen, aber es hat auch des Glückes bedurft, dass wir in jedem Jahr sagen konnten, ja, wir machen weiter ...«

In diesem drittem Veranstaltungsjahr verfügte Kaltenberg bereits über Tribünen mit Überdachung. Eigentlich ganz einfach, zumindest dann, wenn man über die Möglichkeiten und das Know-how einer Brauerei verfügt: Die Tribünen waren untergebracht in Bierzelten, die jeweils auf der Längsseite offen blieben. Der Turnierplatz war nun auf zwei Schmal- und einer Längsseite von Tribünen umstellt, die andere Längsseite war den Stehplätzen vorbehalten. Ein besonderes Kunststück dabei war es, die Hanglage zu überlisten. Denn dort, wo heute die komfortable Arena optimale Voraussetzungen bietet, war damals eine abfallende Wiese. Dort, wo sie halbwegs eben war, kämpften die Ritter ihr Turnier. Dort, wo das Gelände am stärksten abfiel, mussten die Stehplatzbesucher zurechtkommen. Da gab es noch einiges zu verbessern.

Besser, viel besser geworden war es schon auf dem Markt. Vom »Fürstenfeldbrucker Weihnachtsmarkt« wurden 20 Stände ausgeliehen und mittelalterlich dekoriert. Musikanten, die in höfischem Stile oder auch im Stil der Minnesänger und der Gaukler auftraten, sorgten für gute Stimmung. Es gab »lebende Puppen« – Menschen, die sich in ihren Masken und ihren Kostümen geradezu unglaublich ruhig, bewegungslos verhalten konnten, geradeso als wenn sie nicht aus Fleisch und Blut, sondern eben große Puppen wären. Es gab also Handwerk und Musik und auch schon Gaukelspiel.

Und natürlich, als Hauptattraktion, das Turnier der Ritter um Max Diamond.

Es war jetzt ganz klar, auf was in Kaltenberg zukünftig besonders zu achten war: Der weitere Erfolg würde von vielen Umständen abhängen, ganz besonders aber davon, dass man den Menschen die Möglichkeit bieten könnte, einen Tag im Mittelalter zu erleben – stimmig und stimmungsvoll, möglichst authentisch und gewiss unvergesslich. Das Kaltenberger Ritterturnier musste einen ganz eigenen Charakter bekommen, man mußte ihn pflegen und, mit Liebe zum Detail, immer weiterentwickeln.

»Wir waren eigentlich schon auf dem richtigen Weg«, erzählt Beatrix Prinzessin von Bayern. »Alle Einnahmen wurden wieder in das Produkt ›Ritterturnier‹ gesteckt. 1982 gab es schon eine professionelle Plakatierung. Und die Leute haben uns schier überrannt.«

Trotzdem war das Turnier selbst immer noch nicht das, was man sich in Kaltenberg eigentlich erwünscht hatte und was für die Zukunft so wichtig war. Diamonds Leute waren zwar vorzügliche Schwertkämpfer, auch bei den Turnierspielen hoch zu Ross waren sie sehr gut. Das Problem war jedoch nach wie vor das Tempo: Die Handlung beim Turnierspiel musste ganz einfach noch schneller, spektakulärer, überzeugender werden. Noch spürte jeder Zuschauer, dass alles nur ein Spiel war. Aber eigentlich sollte es sein wie im Film – nur dass bei dieser Live-Veranstaltung weder geschnitten noch wiederholt werden konnte.

Zufälle führten zu den notwendigen Veränderungen: Beim 3. Kaltenberger Ritterturnier gab es Probleme in den Reihen der englischen Ritter – zwei von ihnen waren sich wegen eines Edelfräuleins eifersüchtig in die Haare geraten. Da herrschte schlechte Stimmung, es gab Streit, und der eskalierte schließlich darin, dass einer der Kampfhähne 500 englische Pfund auslobte für den, der seinen Kontrahenten beim Turnier unsportlich aus dem Sattel stoßen würde. Der Bogen war jetzt eindeutig überspannt.

Und dann war Prinz Luitpold anlässlich des Jubiläums der Stadterhebung in Offenburg, wo ein Turnier zu den Feierlichkeiten stattfand. Dass es eine französische Rittertruppe gab, die besonders eindrucksvoll agierte, war dem Prinzen schon zu Ohren gekommen. Jetzt, in Offenburg, hatte er die Möglichkeit, sich von der Kampfes- und der Schauspielkunst der »Chevaliers de Tournoi« persönlich zu überzeugen. Und er war begeistert! Diese Truppe verkörperte das, was er sich gewünscht hatte: sportliche Perfek-

Die »Cascadeurs Associés« um Jackie Venon, Arenaregisseur und Schwarzer Ritter zu Kaltenberg.

tion und jugendliche Dynamik. Was die französischen Ritter zeigten, war in der Tat atemberaubend. Vor allem die tempogeladenen, enorm dramatisch wirkenden Reiterstunts waren zu dieser Zeit unvergleichlich. Die Entscheidung war schnell getroffen: Die »Chevaliers de Tournoi« mussten für Kaltenberg engagiert werden – und dieser Jackie Venon, der aussah wie ein Zwillingsbruder von »Dornenvögel«-Darsteller Richard Chamberlain, sollte einen mysteriösen Schwarzen Ritter darstellen, im nächsten Jahr, 1983, beim 4. Kaltenberger Ritterturnier.

»Kaltenberger Kurier« hieß das Programmheft 1984. »Das Abenteuer der Vergangenheit beginnt aufs Neue, zum vierten Mal öffnet die Zeit ihre Tore«, lautete die Überschrift. Und dann war da zu lesen:

»Das Schloss Kaltenberg, urkundlicher Schauplatz der Geschichte seit 1179, steht im vierten Jahr seiner neuzeitlichen Turniergeschichte zum ersten Mal im Zeichen der deutsch-französischen Freundschaft. Die Ritter der ›Königlichen Bayerischen Tafelrunde‹ haben nach drei Turniergängen gegen die Angelsachsen es heuer gewagt, den stärksten Turniergegner zu laden: Die ›Chevaliers de Tournoi‹, die Ritter aus Gallien.
List und Kraft der alten Gallier, gepaart mit der chevalesken Eleganz der bourbonischen Höfe, verschmolzen in der exzellenten Disziplin jahrelangen Trainings, das sind sie: Galliens ›Chevaliers de Tournoi‹. Ihr Motto: A l'impossible nous sommes tenus – dem Unmöglichen verpflichtet ...«

Diese »Chevaliers de Tournoi« sollten also gemeinsam mit den bayerischen Rittern auftreten. Aber bei diesen beiden Gruppen waren die Diskrepanzen einfach zu groß. Jackie Venon hatte genaue Vorstellungen von einem spektakulären, geradezu sensationellen Programmablauf – und die ließen sich nur verwirklichen von perfekt ausgebildeten Leuten mit ebenso perfekt ausgebildeten Pferden. Es gab endlose Diskussionen und schließlich die salomonische Einigung, dass die französischen Ritter das Hauptgrogramm und die Recken aus Bayern eine Art Vorprogramm bestreiten sollten. Und dieses Arrangement war so recht nach dem Geschmack der Zuschauer.
Noch stand der Turnierkampf nicht unter einem speziellen Motto, noch gab es keine Handlung, die im Ritterkampf dargestellt wurde. Aber es gab Turnierszenen mit Lanzen, Schwertern, Morgensternen, wie man sie bestenfalls aus aufwändigen Verfilmungen kannte, aus Robin Hood oder Ivanhoe oder aus »Die Ritter der Tafelrunde«. Die Besucher waren begeistert. Erwachsene und Kinder kamen aus dem Staunen nicht heraus. Die Ritterkämpfe wirkten so echt, dass man einfach nicht glauben konnte, die Sache würde gut ausgehen: In gestrecktem Galopp preschten die Pferde gegeneinander an, mit aller Wucht trafen Lanzen auf Schilder, und oft wurden die Reiter aus den Sätteln geworfen, stürzten rücklings von den Rössern, wurden, weil sich ein Fuß im Steigbügel verhakt hatte, mit-

*Folgende Doppelseite:
Spektakulärer Höhepunkt eines jeden Turniers: die Tjoste hoch zu Ross, Mann gegen Mann.*

geschleift, blieben schließlich reglos liegen – und standen nach wenigen Sekunden wieder auf, staubten sich den Sand von den Kleidern und winkten dem hingerissenen Publikum zu.

Unglaublich. Was die »Chevaliers de Tournoi« zeigten, war die perfekte Darbietung eines Ritterturniers. Jetzt war auch Prinz Luitpold zufrieden. Und was den Markt anging, so zeigten sich auch hier von Jahr zu Jahr erhebliche Fortschritte. Tschechische Theaterschreiner waren engagiert worden. Sie zimmerten runde Marktstände, Palisaden, die es zum Teil bis heute gibt, und ein prachtvolles weißes Tor, durch das jeder Gast Einlass fand beim Kaltenberger Ritterturnier. Der Markt war ständig gewachsen, immer mehr Künstler, Handwerker, historische Vereine nahmen daran teil. Und die Idee, den Leuten einen Tag im Mittelalter zu bieten, nahm immer konkretere Formen an.

Es gab mittlerweile 4000 Sitzplätze, verteilt auf drei Tribünen. Es gab ein erweitertes Gelände mit mehreren Bühnen, es gab Armbruststände, eine Badestube, Höfisches im Innenhof des Schlosses Kaltenberg, Kulinarisches an vielen Ständen und vor allem in der »Ritterschwemme«, jenem Lokal, zu dessen Eröffnung 1. das Kaltenberger Ritterturnier hätte stattfinden sollen. Der Name »Ritterschwemme« war übrigens weder von der Brauerei noch vom Wirt so geplant. Er wurde am Stammtisch erfunden und jetzt heißt die Schwemme eben »Ritterschwemme«, und das wird so sein, solange in Kaltenberg die Ritter toben, was mit ziemlicher Sicherheit noch lange ist ...

Aber glücklich, wirklich glücklich mit seinem Fest, war Luitpold Prinz von Bayern noch lange nicht: »Es gab noch viel Improvisiertes. So konnte es sehr leicht passieren, dass irgendein widriger Umstand die ganze Sache ziemlich unangenehm werden ließ.«

Der häufigste widrige Umstand war das Wetter. Noch fand das Turnier auf einer Wiese statt. Noch waren die Wege am Markt nur unzureichend befestigt. Noch parkten die Besucher ihre Autos auf Bauernwiesen in der nahen Umgebung. Noch konnte Regen die ganze Veranstaltung ins Chaos stürzen.

»Es kam ein Jahr mit neun Tagen Dauerregen«, erinnert sich Prinzessin Beatrix, »das war 1985. Regen an allen Veranstaltungstagen. Das Turniergelände war ein

Sumpf, in den wir ständig Sand und Kies einfahren ließen. Aber am katastrophalsten war die Parkplatzsituation.«

Weil die »Parkwiesen« nicht befestigt waren – da halfen auch die vielen Fuhren Kies nicht – steckten die Autos nach den Veranstaltungen im halbmetertiefen Schlamm fest oder wühlten tiefe Spuren in die Felder. Was übrigens die Bauern aus Kaltenberg und Umgebung gar nicht allzu sehr störte. Sie rückten am Abend mit ihren Traktoren an und zogen, natürlich gegen angemessenes Entgelt, die Autos aus dem Schlamm. Als dann der letzte Turniertag zu Ende gegangen war und man daran ging, gründlich aufzuräumen, fand sich im trocknenden Morast sogar der eine oder andere Schuh …

Dieses Jahr war ein Fiasko. Es war ein Fiasko für die Zuschauer, die sich auf den Weg gemacht hatten und im schlechten Wetter ausharrten. Es war eine Zumutung für die Akteure beim Turnier und auf dem Markt. Und es war ein Desaster für die Veranstalter. Am Ende stand ein gewaltiges Minus in den Büchern. Dazu kam die große Sorge, dass viele Leute enttäuscht waren und vielleicht nicht wieder kommen würden. »Wir haben uns ganz ernsthaft überlegt, ob wir aufhören sollen«, erzählt Prinz Luitpold. »Wir hatten riesiges Pech gehabt mit dem Wetter, viele Plätze waren leer geblieben, und wir hatten feststellen müssen, dass es noch so viele Mängel gibt bei unserem Ritterturnier. Außerdem hatten wir nun einen erheblichen Schuldenbetrag. Es lag nahe, aufzuhören.«

Andererseits war das Kaltenberger Ritterturnier nun schon einen weiten und ziemlich erfolgreichen Weg gegangen, es erfreute sich bei allen Mitwirkenden großer Zustimmung, hatte schon unzählige Besucher begeistert – sollte man jetzt, am ersten ganz großen Hindernis, schon die Flinte ins Korn werfen? Die Alternative bestand darin, mit einer nochmaligen unternehmerischen und wirtschaftlichen Anstrengung die Mängel zu beheben, die Infrastruktur weiter zu verbessern – und zu hoffen, dass die Menschen kommen und das Fest weiterhin annehmen würden. Das Wetter konnte man zwar nicht beeinflussen, man konnte nur den Termin verlegen, von Juni auf Juli – dann wenigstens war es nicht mehr gar so kalt, wenn es regnete …

Die Fortsetzung des Kaltenberger Ritterturniers begann mit einer Bauanfrage bei der Gemeinde. Prinzessin Beatrix und Prinz Luitpold hatten im westfälischen

Dülmen eine befestigte Arenaanlage besichtigt, wie sie für Kaltenberg gut geeignet schien: wetterfester Boden und rundum Sitzbänke mit nummerierten Plätzen. Die Behörden standen dem Anliegen freundlich gegenüber und Kaltenberg konnte ein richtiges Stadion bekommen für sein Turnier und für manche andere Veranstaltung noch dazu.

Der Wiesenhang wurde abgegraben, der Aushub am Südende wieder aufgeschüttet. So entstand eine Arena, 70 Meter lang, 30 Meter breit, die aussieht wie ein klassisches Theateroval. Fast 10 000 Besucher finden darin ihre Sitzplätze. Und rund ums Sitzoval ist noch einmal Platz für mehr als 3000 Stehplätze. Eine große und wichtige Investition zu diesem Zeitpunkt. »Wenn man sieht, wie sich Kaltenberg durch diese Baumaßnahmen verändert hat, dann kann man nur staunen«, sagt Prinz Luitpold. »Aber trotzdem: Es war natürlich ein Wahnsinn, dieses Unternehmen weiterzuführen – nach so einem miserablen Jahr ...«

Es geht nicht nur um Rittertum und Kampf. Kaltenberg ist auch besonders reich an stimmungsvollen Zwischentönen: Moriskentänzerin mit weißer Taube.

Folgende Doppelseite: Wenn die Ritter sich aus den Sätteln gestoßen haben, ist der Turnierkampf noch lange nicht zu Ende. Mit Schwertern, Äxten und Morgensternen wird der Kampf am Boden fortgesetzt.

83

Die Parkplätze wurden im Rahmen der Möglichkeiten befestigt, alle Bauten im Gelände saniert. Platz hatte man nun für viele, viele Besucher! Man reduzierte von sieben auf sechs Veranstaltungstage – immer Freitag, Samstag, Sonntag (ursprünglich waren es neun, später sollten es auch wieder neun werden) – und dann begann man mit dem Vorverkauf für das 7. Kaltenberger Ritterturnier, von dem so viel abhängen sollte. Und um es gleich zu sagen: Es ging gut. Das Wetter erwies sich als einsichtig, die Besucher kamen in Scharen, die neue Arena war ideal – sieht man einmal ab davon, dass es an einem sonnigen Nachmittag recht heiß werden kann im schattenlosen Rund. Die Ritter um Jackie Venon boten auch in diesem Jahr ein großartiges Turnier und auf dem mittelalterlichen Markt gab es eine Fülle von alten und neuen Attraktionen. Die Presse-Informationsmappe der damaligen Veranstaltung listet auf:

»Bauern und Fronknechte, Bettler und Fahrende, Landsknechte und Marketenderinnen, Zigeuner und Tanzmädchen, Marktweiber, Ritterfräulein, adelige Damen, Schankmaiden und viele, viele andere ... werben Freiluftbarbiere um Kundschaft, ebenso wie Badstuben-Inhaber, zeigen Drucker und Münzpräger, Schröpfköpfesetzer und Instrumentenbauer, Kerzenhersteller, Wachszieher und Lederarbeiter, Porträtisten, und Waffenschmiede, Holzspielzeug- und Puppenmacher, Hersteller von Ritterfiguren, Sandalenknüpfer, Glasbläser, Laternenmacher und andere Handwerker ihre Fertigkeiten und Produkte ...«

Und was die künstlerischen Darbietungen betrifft, so berichtet die Broschüre über »Artisten, Seiltänzer, Bärentreiber, Magier, Troubadoure, Gaukler, Pantomimen. Kasperltheaterspieler, ein überaus origineller Kleinzirkus, eine höchst professionelle Wahrsagerin und last not least ein Mäusetheater, um nur einige zu nennen ...« Der Erfolg des Kaltenberger Ritterturniers ist ganz besonders auch einem Mann zu verdanken, den Prinz Luitpold schon im vierten Jahr nach Kaltenberg geholt hatte, auf dass er sich um die Produktion und Spielleitung kümmere: Der Münchner Veranstaltungsfachmann Hans Pilz war nicht nur ein großes Organisationstalent mit unzähligen wichtigen Kontakten, er war es auch, der dem mittelalterlichen Markt seinen unvergleichlichen Zauber verschaffte, seine wunderschöne Ausstrahlung und seine sprichwörtliche Unnachahmlichkeit. Hans Pilz, unter anderem auch ein leidenschaftlicher Operetten-Impressario, liebte die

Kunst und verehrte die Künstler, und er hatte das feine Gespür, zusammenzuführen, was zusammen und nach Kaltenberg passte. Er, der auch den Zirkus Roncalli bei seinen umjubelten Gastspielen in München betreute, brachte einiges vom Flair dieser Zirkus-Idee des André Heller nach Kaltenberg. Hans Pilz sorgte für die überbordende Vielfalt an Kunst, Kunsthandwerk und Handwerk beim mittelalterlichen Markt, und er schaffte zudem eine bisweilen historisch-derbe, vor allem aber bezaubernde und poetische Atmosphäre. Und davon haben sich die Besucher quer durch alle Altersschichten wohl ebenso faszinieren lassen wie vom spannenden Turnier in der Arena. »Ohne Hans Pilz«, so Luitpold Prinz von Bayern, »wäre das Kaltenberger Ritterturnier nie zu dem geworden, was es ist und was es gilt.«

1986 war ein entscheidendes Jahr. Hätte das Wetter nicht mitgespielt oder wäre das Publikum ausgeblieben, es hätte das Ende des Kaltenberger Ritterturniers bedeutet. So aber stand es nach sieben Jahren noch am Anfang. Und eigentlich ging die ganze Sache jetzt erst so richtig los.

Denn eins griff hier ins andere, so wie Zahnräder, die ganz genau passen. Die verschiedenen Teile des »königlichen Imperiums« unterstützten sich gegenseitig, trieben sich, bisweilen ohne es zu beabsichtigen, gegenseitig an und weiter. Prinz Luitpold

Prinz Luitpolds Kaltenberger Wagenzug auf dem Weg zum Münchner Oktoberfest.

hatte die kleine Spezialitätenbrauerei in wenigen Jahren zu einer exquisiten bayerischen Biermarke gemacht, er hatte eine geradezu vom Aussterben bedrohte Biersorte, das Dunkel, wiederbelebt und gleich auch noch zum fortschreitenden Erfolg geführt. Er hatte seine Erzeugnisse zum gefragten Exportartikel gemacht, bereits Braulizenzen vergeben, seinen Betrieb modernisiert und ständig wachsen lassen.

Und parallel dazu war das Kaltenberger Ritterturnier entstanden, und zwar nicht als Bier-, sondern als Familienfest. Und dennoch war die Brauerei von jeher der wichtigste Partner des Ritterturniers und das Ritterturnier immer die beste Werbung für die Erzeugnisse der Brauerei – und mittendrin Seine Königliche Hoheit als ideenreicher Geschäftsmann und kreativer Unternehmer.

Zauber: Farbenprächtige und phantasievolle Stelzenfiguren mischen sich stumm wie Schmetterlinge unters laute Volk ...

1987 brachte sich Prinz Luitpold samt seinem köstlichen Bier Aufsehen erregend ins Gerede. Weil das Kaltenberger Bier nicht in München gebraut wird sondern ein gutes Stück weit draußen »vor den Toren der Stadt«, darf er damit nicht auf die »Wies'n«, das Münchner Oktoberfest. Dabei müsste ihm das aber so selbstverständlich zustehen wie einem Bier die Reinheit – schließlich ist das Oktoberfest zurückzuführen auf das Haus Wittelsbach, genauer: auf König Ludwig I. Ohne die Wittelsbacher kein Oktoberfest!

Das Oktoberfest ohne Wittelsbacher? Das geht doch nicht! Genau das dachte sich auch Luitpold Prinz von Bayern. Denn seit mehreren Jahren hatte er sich um das Schankrecht auf dem Oktoberfest beworben und wieder und wieder eine Absage erhalten. Aber er ließ sich nicht unterkriegen, wettete 1982 mit dem damaligen Präsidenten des Deutschen Brauer-Bundes: »Wenn es mir nicht gelingt, innerhalb der nächsten fünf Jahre auf die Wies'n zu kommen, dann geh' ich mit einem gefüllten Bierkrug zu Fuß von Kaltenberg nach München.«

90

Die Wette verlor er und 1987 machte sich Prinz Luitpold auf den Weg – begleitet von fünf Gespannen, Fanfarenzügen, Trachtenvereinen, Rittern, Musik und einem Brotzeitwagen. Unter regem Medieninteresse war der Zug zwei Tage lang unterwegs, als angemeldete Demonstration und genehmigt von allen Ämtern, durch deren Hoheitsgebiet der sich ständig vergrößernde Tross sich bewegte. Aber dann wäre fast Schluss gewesen am Haupttor des Oktoberfests. Das »Handelsblatt« berichtete süffisant über den Vorfall: »Auch in Bayern können sich Behörden deppert-bürokratisch verhalten. Dem Prinzen, an der Spitze des Zuges, stellten sich 20 Polizisten und ein Vertreter des Münchner Fremdenverkehrsamtes in den Weg und verweigerten den Einlass unter Berufung auf das ›Hausrecht‹. Als die Lage sich zuspitzte, der Zug der Tausend war inzwischen von 3000 bis 5000 Schaulustigen eingekeilt, durfte Prinz Luitpold, eine öffentlich-rechtliche Genehmigung und seinen Anwalt bei sich, mit zwei Gespannen auf den Festplatz einmarschieren.« Sämtliche Kapellen aus den großen Bierzelten hatten sich unter der Bavaria zu einem Standkonzert versammelt. »Wir sangen grad die Bayernhymne«, erinnert

... und nie gesehene Wesen, halb Mensch und halb Insekt, vollführen auf Bühnen und auch mitten im Publikum ihr magisches Theater.

*Folgende Doppelseite:
Es gibt auch düstere Gestalten. Einmal hieß das Programm »Der Herr der Finsternis« – und die Performance-Künstlerin Lova Rimini verwandelte sich dafür in eine furchterregende Figur aus dem Schattenreich zwischen den Welten.*

Für diese flüchtige Gauklerkunst brauchte es nur trübe Seifenbrühe und viel Geschick.

sich Münchens damalige Fremdenverkehrschefin Gabi Weishäupl, »... natürlich nicht für Luitpold von Bayern und die Seinen, die wie unerwünschte Ausländer behandelt wurden, obwohl doch die Theresienwiese den Namen der Ur-Ur-Uroma des Prinzen trägt«, wie »Der Spiegel« ergänzte. Und noch einmal das »Handelsblatt«: »Für das Kaltenberger Bier war das eine Show, die zusätzliche Publizität brachte. Dafür hat der Prinz Geschick.«

Hier muss man anfügen, dass die Aktion mit Rittern, Trommlern, Fanfarenzügen auch für das Kaltenberger Ritterturnier eine gute, weil außergewöhnliche Werbung war. Und weil schon einmal die Rede ist vom Kaltenberger Bier, muss auch die Anekdote erzählt werden, die Prinz Luitpold gern zum Besten gibt:

»Es war im dritten oder vierten Jahr, so genau erinnere ich mich nicht mehr. Jedenfalls waren am Tag vor Veranstaltungsbeginn 40 Mann von der Neuburger Stadtwache eingetroffen. Alle mit ihren schönen Kostümen und Hellebarden.

Sie sollten unter anderem auch einen Bierausschank betreuen und bekamen am Vorabend schon einmal zehn Hektoliter Bier angeliefert. Nebendran war ein italienischer Weinstand, sehr barock und sehr edel. Die Neuburger ließen sich das Bier, das sie am nächsten Tag hätten verkaufen sollen, schmecken, soffen alles weg bis zum letzten Tropfen, trommelten die ganze Nacht und verheizten vom Weinstand die barock anmutenden Kommodenschubläden im Lagerfeuer ...«

Dennoch gab es selten Probleme mit dem Alkohol beim Kaltenberger Ritterturnier. Die Leute trinken zwar gern ein Dunkles oder ein »Prinzregent Luitpold Weißbier«, aber sie kommen hierher, zahlen Eintritt und wollen das Mittelalter ganz intensiv erleben.
»Auf dem Oktoberfest besaufen sich die Leut', in Kaltenberg genießen sie eine gepflegte Bierkultur ...«, sagt der Prinz und lächelt über seinen Seitenhieb nach München.

Neben den akrobatischen Stelzengängern – und davon gibt es viele in Kaltenberg – erscheint ein »gewöhnlicher« Mensch doch ziemlich klein ...

Magisches Theater: Die Akteure verstehen es die Menschen, groß oder klein, jung oder alt, in ihren Bann zu ziehen.

Wenn es mal Probleme gibt, weil jemand über den Durst getrunken hat, dann betrifft das in der Regel Mitwirkende beim Turnier und Markt. Da wird gerne gefeiert nach einem großartigen Tag, da kann es auch mal passieren, dass jemand das »König Ludwig Dunkel« unterschätzt oder in einer lauen Sommernacht etwas über den »Durst« trinkt. Und dann, ja dann gibt es schon auch mal Streit zwischen Rittern, die um die Gunst eines Burgfräuleins buhlen. Aber, gottlob, immer war alles schnell wieder in geordnete Bahnen zurückzuführen. Das wilde Mittelalter ist in Kaltenberg ein wunderschönes Spiel – das Faustrecht lässt der Hausherr nicht zu, und wer gegen dieses ungeschriebene Gesetz verstößt, hat bei seinem Ritterturnier bestimmt keine Zukunft ...

Mit der Arena kam die Kontinuität nach Kaltenberg: Seither reißt der Besucherstrom nicht ab, alljährlich treten mehr als 100 000 Gäste an mittlerweile wieder neun Veranstaltungstagen durch das Tor ins Mittelalter. In ein Mittelalter, das den Problemen der Anfangsjahre entwachsen ist und das, so kann man sagen, den Menschen die Möglichkeit gibt, für einen Tag den Alltag hinter sich zu lassen und einzutauchen in eine andere Zeit und eine andere Welt. Eine perfekt inszenierte Welt, der man zumindest an dieser Stelle einmal hinter die Kulissen blicken darf. Wer kann sich schon vorstellen, wie viele Anstrengungen nötig sind, um das Kaltenberger Ritterturnier jedes Jahr wieder durchführen zu können. Denn das Kaltenberger Ritterturnier ist jedes Jahr ein gigantisches Projekt mit weit mehr als 1000 Mitwirkenden. Und es ist in jedem Jahr zumindest in vielen Details anders, nie dasselbe wie in den Jahren zuvor.

Im Jahr 2000 hat der Münchner Veranstaltungsfachmann Martin Zeiller, dem Kaltenberger Ritterturnier schon lange eng verbunden, die Produktionsleitung für diese Großveranstaltung übernommen. Zusammen mit Theresa Wagner, die u.a. für den mittelalterlichen Markt und die Gastronomie zuständig ist, beginnt Zeiller schon gleich nach der letzten Veranstaltung mit den Vorbereitungen für das nächste Jahr. Neue Künstlergruppen, Ritter und Handwerker sind zu entdecken, neue Attraktionen für das große Fest. Auf zahlreichen Reisen durch Deutschland und Europa inspirieren die beiden, was fürs Kaltenberger Ritterturnier und sein anspruchsvolles Publikum interessant sein könnte. Mitwirkende müssen unter Vertrag genommen, betreut und viele von ihnen dann auch untergebracht wer-

Das Visier geschlossen, die Lanze fest im Griff – in wenigen Augenblicken wird dieser kühne Ritter seinen nächsten Tjost in der Kaltenberger Arena reiten.

den – zum Beispiel im Künstlerlager, einem Zeltlager mit Unterkünften und einer eigenen Kantine.

An den Turniertagen müssen dann alle Attraktionen aufeinander abgestimmt sein. Man stelle sich vor: Da singt ein Minnesänger zart und besaitet – und dann kommt plötzlich mit vielhändigem Trommelwirbel ein Fanfarenzug vorbei. Oder dort, wo der Medienpartner »Bayern 3« ein Holzpferdchenturnier für Kinder durchführt, würden sich die wirklich entsetzlich anzuschauenden Aussätzigen herumtreiben ... Markus Hummel, seit Jahren zuständig für die komplizierte Regie auf dem Marktgelände, entwickelt für jeden Veranstaltungstag einen neuen, komplexen Ablaufplan, bei dem alles, aber auch wirklich alles bis auf die Minute stimmen muss – und stimmt!

Und dass die Ritter in der Arena, Jackie Venons grandiose Truppe, die mittlerweile »Les Cascadeurs Associés« heißt, Hunderte von Trainingsstunden absolvieren, bis sie einreiten zum Turnierauftakt, muss eigentlich nicht besonders erwähnt werden. Eine solche Dramatik und eine solche Präzision ist nur möglich, wenn Choreographie und spektakuläre Stunts einstudiert sind wie Staatsopernballett. Hinter der Königsloge in der Arena befindet sich das Camp der französischen Ritter. Da sind die Stallungen für die Pferde, da sind Umkleidekabinen für die Ritter. Auf einer hinter hohen Bäumen verborgenen Wiese reiten die Ritter ihre festlich aufgezäumten Pferde in der Stunde vor dem Turnier warm – dspürt man noch keine Nervosität, da geht noch alles ganz gelassen zu. Der eine verpflastert sich noch die Schulter, wo er sich beim letzten Tjost einen ansehnlichen Bluterguss zugezogen hat, Jackie gibt noch ein Interview für ein Fernsehteam, ein anderer döst vor sich hin, konzentriert oder entspannt sich.

Aber dann, wenn die Ritter in voller Rüstung bereitstehen, wenn in der Arena der Narr für die La-Ola-Welle sorgt, die ja angeblich geeignet ist, auch Schlechtwetterwolken zu vertreiben, wenn im Publikum die Begeisterung und Erwartung mit jeder Welle durch die Arena steigt und für die Akteure der Auftritt naht, dann spürt man bei Mensch und Tier die große Anspannung und Aufregung jeden Tag aufs Neue. Es kommt auf größte Präzision an beim Kampfspiel des Kaltenberger Ritterturniers – die kleinste Unkonzentriertheit könnte fatale Folgen nach sich ziehen. Kein Wunder, dass sich die Turnierritter geradezu in ihrem Lager ver-

*Die Abende sind für die Akteu-
re nach Programmschluss noch
lange nicht zu Ende. Am nächsten Morgen erwacht das
Lager der Künstler nur sehr,
sehr langsam ...*

schanzen – und kaum jemand zu sich vor lassen. Mit Arroganz hat das überhaupt nichts zu tun, sondern nur mit dem Anspruch, den Zuschauern das Beste bieten zu wollen, und zugleich mit der Sorge, dass auch einmal etwas passieren könnte.

Die Stimmung bei den Turnierrittern ist eine ganz eigene, gespannt und gelassen zugleich. Es wird viel gelacht in ihrem Camp, aber es wird nie laut dabei. Die Männer scheinen an einem Turniertag vom Morgen weg immer stärker in Trance zu fallen, in die Rolle zu schlüpfen, die sie spielen werden und dabei wieder und wieder jeden kleinsten Bewegungsablauf zu verinnerlichen. Da kann es leicht passieren, dass man einen etwas fragt und spürt, dass der Mann geradezu durch einen durchschaut und einige Sekunden braucht, um von einer Realität in die andere herüberzuwechseln.

Eine ganz besondere Atmosphäre herrscht in Kaltenberg am Morgen nach einem Veranstaltungstag, wenn das Mittelalter allmählich erwacht (ein derartiger Blick

hinter die Kulissen ist freilich nur Mitwirkenden vergönnt ...). Bewacht von einem großen Security-Stab haben die Teilnehmer in Zelten, Lagern und Wohnwägen die Nacht verbracht und haben vielleicht geträumt davon, dass das Mittelalter gar nie mehr aufhören würde. Und dann sind sie aufgewacht, geweckt worden wahrscheinlich von den vielen Lieferwägen, die den Nachschub an Waren bringen, die für einen Besucherandrang von täglich mehr als 12 000 vonnöten sind oder geweckt von frühen Soundchecks in der Arena oder geweckt von den Hammerschlägen Uli Loys, der seit 1987 die technische Leitung der Veranstaltung innehat und mit seinem Team für alles zuständig ist, wozu es Werkzeug, Verstand und vor allem Gelassenheit braucht.

Und so erwacht Kaltenberg dann aus dieser Nacht, die müde Augen mit sich gebracht hat und müde Bewegungen, und es ist kaum vorstellbar, dass schon in wenigen Stunden hier wieder Tausende von Besuchern strömen werden, alle Teilnehmer mit Lust und Begeisterung ihr mittelalterliches Leben leben und die Funken auf die Besucher förmlich überspringen lassen.

... Wenn aber die ersten Besucher aufs Gelände strömen, ist der mittelalterliche Markt schon wieder in all seiner Lebendigkeit im vollen Gang.

Folgende Doppelseite: Mittelalterliche Musik gehört zum Markt wie der Schaum zum Bier. Minnesänger und Barden erinnern an Walther von der Vogelweide und Oswald von Wolkenstein, mal sanft und einschmeichelnd, mal frech und mal derb.

In den Straßen und Wegen zwischen den dösenden Marktständen wird noch hektisch aufgeräumt bis Minuten vor Öffnung des mittelalterlichen Tores. Und in der Arena proben schon wieder die Ritter, jetzt freilich noch in alten Klamotten oder in weiten Trainingsanzügen, an einem besonders heiklen Stunt. Vor Spiegeln im Künstlerlager bekommen Gesichter eine neue Identität, ein Bankkaufmann verwandelt sich in einen Morisken, ein Ergotherapeut wird zum galligen Ablasspfaffen, ein sonst ganz angenehmer Zeitgenosse wird zum düsteren Recken mit Harnisch und Schwert, und eine Studentin verwandelt sich in ein hoch daherstelzendes Fabelwesen, italienische Fahnenschwinger improvisieren auf einem improvisierten Kocher Espresso zum Munterwerden.

Das Mittelalter erwacht zum Leben. Noch blüht es auf im Verborgenen. Aber wenn dann die Besucher eingelassen werden, dann ist nichts mehr zu spüren von der Verschlafenheit und dem langsamen Erwachen. Dann herrscht wieder das Mittelalter in Kaltenberg – und zwar gerade so, als wäre hier die Zeit vor 700 Jahren stehen geblieben ...

Ab Mitte der neunziger Jahre entwickelte sich das Turnier in der Kaltenberger Arena zu einer durchkonzipierten und inszenierten Geschichte. In jedem Jahr gab es nun eine neue Handlung, in deren Mittelpunkt dann das eigentliche Turnier stand. Spannende Ereignisse, unerwartete Verwicklungen – und letztlich dann doch stets ein gutes Ende. »Das Tor der Zeit« hieß eine Geschichte. Oder »Der achte Ritter«. Oder auch »Der Herr der Finsternis«. Und im Jahr 2004, anlässlich des 25-jährigen Jubiläums: »Die Legende vom Schwarzen Ritter«.

Die Besucher erwartet seither mehr als das ritterliche Kräftemessen. Sie erleben ein mittelalterliches Monumentalschauspiel mit Handlungsverlauf und Spannung von der ersten bis zur letzten Minute. Dazu akrobatische und gauklerische Darbietungen als Vorprogramm. Und natürlich wundervolle, grandiose und wilde Musik, die gleichsam den Soundtrack abgibt zur beeindruckenden Rittershow. Die Kultgruppe der mittelalterlichen Musik »Corvus Corax« heizt den Zuschauern von der Königsloge mit Trommeln, Dudelsäcken und fetzigen Rhythmen und Melodien gehörig ein. Und nach dem Turnier spielen sie auf einer eigenen Bühne und begeistern an jedem Tag Tausende neue und alte Fans. Die

104

105

Kaltenberger Businenbläser, eine Gruppe, die auf Initiative von Prinz Luitpold erst entstanden ist, eröffnen und beschließen das eigentliche Turnier mit festlichen Klängen. Und überall im Gelände herrscht Sang und Klang, Schalmei und Melodei, auf historischen Instrumenten wird musiziert, freche Trink- und Vagantenlieder werden zum Besten gegeben.

Die Musik, keine Frage, trägt ganz wesentlich zum Zauber Kaltenbergs bei. Kein Wunder also, dass Prinz Luitpold mit den Mitgliedern von »Kurtzweyl« die Idee vorantrieb, gemäß historischem Vorbild Businen zum Einsatz zu bringen. »Kurtzweyl« gilt als eine der ersten Gruppen, die mit Krummhorn und Sackpfeife Musik in größter mittelalterlicher Authentizität zum Klingen brachte. Seine Königliche Hoheit kümmerte sich darum, die Businen rekonstruieren und neu fertigen zu lassen – alles Weitere ist unbeschreiblich, muss man selbst hören als Gast in der Arena beim großen Kaltenberger Ritterturnier.

Eine andere bemerkenswerte Initiative des Prinzen sind die Kaltenberger Moriskentänzer. Eine kleine Augsburger Tanzgruppe, gerade mal eine Handvoll Leute, bewarb sich 1990 um die Teilnahme. Prinz Luitpold ließ Moriskenkostüme schneidern, die begeistert arbeitende Truppe studierte nach alten Vorlagen den Morisken-Tanzstil ein. Heute sind die Kaltenberger Morisken nicht mehr wegzudenken von der Veranstaltung, und sie gehören mit Sicherheit zu den besten mittelalterlichen Tanzgruppen deutschlandweit. Was es mit den Morisken eigentlich auf sich hat, erläutert das Programmheft des Kaltenberger Ritterturniers aus dem Jahr 2001:

»Schon seit zwölf Jahren, und heuer erstmalig mit eigenem Zelt, führen die Kaltenberger Moriskentänzer diese Parodie auf höfische Tänze und das Liebeswerben am Hof auf. Ursprünglich soll der Moriskentanz, dessen Anfänge in Spanien liegen, ein stilisierter Schwertkampf gewesen sein. ... Ausgeführt wurde der Moriskentanz von Komödianten aus dem fahrenden Volk. Obwohl sie mit ihren

Dem Anton von Kaltenberg, Wunder an Muskeln und an Kraft, würde so etwas nie passieren – keiner traut sich an ihn heran...

Folgende Doppelseite: Das Turnier in der Arena ist stets eingebettet in eine stimmungsvolle und mystische Geschichte.

Warum sollte es heute anders sein als im Mittelalter? Der junge Ritter zeigt sich stolz in seiner glänzenden Rüstung ...

Aufführungen über höfische Sitten spotteten, waren sie doch bei Festen gern gesehen ...«

Weniger gern sieht man die »Schwarzen Ritter zu Bruck«, düstere Gesellen in Kettenhemden und Harnischen. Rasselnd und polternd kommen sie daher, bahnen sich rücksichtslos den Weg – und holen sich bisweilen einen zum Teeren und Federn. Aber keine Sorge: einem Gast, der sich halbwegs anständig benimmt, wird dieses Schicksal nicht zuteil werden. Einem Mitarbeiter der Veranstaltungsleitung kann es allerdings durchaus passieren, dass diese Kerle ihn im Pranger abführen und ihn in aller Öffentlichkeit aburteilen, sodann das Hemd öffnen, die Schuhe und die Strümpfe ausziehen, Hände, Füße, Brust und Kopf einkleistern und mit Federn bestreuen – und dann hat dieser Mensch noch Glück, wenn sie ihm nicht auch die »Afterballen« frei machen und sein Hinterteil in einen »Gockelarsch« verwandeln. Kaltenberger Businenbläser, »Schwarze Ritter zu Bruck« und Kaltenberger Moriskentänzer – allesamt überaus charismati-

112

sche Künstler- und Darstellergruppen, die erst entstanden sind, weil es das Kaltenberger Ritterturnier gibt ...

Kaltenberg ist Kult geworden. Ein Ereignis, das sich viele Menschen wieder und wieder gönnen, und zugleich ein Ereignis, das jedes Jahr ganz viele neue Freunde gewinnt. Großes Verdienst daran haben natürlich auch die Medienpartner der Veranstaltung, die das Kaltenberger Ritterturnier seit Jahren attraktiv präsentieren: das »Bayerische Fernsehen«, »Bayern 3 Radio«, die »Augsburger Allgemeine Zeitung« sowie »Münchner Merkur/tz«. Dass es sich dabei nicht um »Logo-Austausch-Partnerschaften« handelt, sondern um konstruktive und kreative Unterstützer der Veranstaltung, erkennt man an den ungewöhnlichen Aktivitäten, mit denen sie in schöner Regelmäßigkeit Zeichen setzen. »Bayern 3« zum Beispiel betreibt an allen Turniertagen ein Holzpferdchen-Turnier für Kinder, und natürlich bekommen die jungen Ritterfräuleins und die jungen Ritter auch eine schöne Urkunde!

Roman Roell, Moderator der »Bayern 3 Morningshow«, schlüpft in Kaltenberg in verschiedene Rollen und gibt dem Turnier seine markante Stimme. Längst ist er zur Kultfigur geworden.

Und Roman Roell, Moderator der beliebten »Bayern 3 Morningshow«, ist in Kaltenberg mehr als nur ein charismatischer Turniersprecher: 1999 ist er in das Kostüm des Merlin geschlüpft und hat bei der Turniergeschichte eine tragende Rolle gespielt. Und im Jahr darauf haben ihm die französischen Cascadeurs das Reiten beigebracht – und Roman Roell musste im gestreckten Galopp in die Arena preschen. Auf einem hoch sensiblen Turnierpferd! »Reitstunden hatte ich zunächst auf einem ganz normalen, guten Reitpferd«, erzählt der Turniersprecher. »Aber wenn du dann auf einem solchen Turnierpferd sitzt, dann ist das so, als wenn du das Fahren im VW Golf gelernt hast und jetzt plötzlich einen Formel-1-Rennwagen steuern sollst ...«

Das »Bayerische Fernsehen« bringt jedes Jahr Reportagen und Hintergrundberichte zum Kaltenberger Ritterturnier – und bringt das große mittelalterliche Fest damit auch in viele Haushalte.

Die »Augsburger Allgemeine« präsentiert sich mit der »Historischen Gilde der Drucker zu Kaltenberg«, einer Druckerwerkstatt nach alten Vorbildern, wo es für Groß und Klein einiges zu sehen und zu staunen gibt. Der Erlös der ehrenamtlichen Tätigkeit aller Druckereimitarbeiter kommt dabei voll der »Kartei der Not« zugute, einer bemerkenswerten sozialen Initiative des renommierten Zeitungsverlagshauses.

Und »Münchner Merkur/tz« präsentierten anlässlich ihres ersten Kaltenberger Ritterturniers 2002 eine »mittelalterliche Zeitung«, ein 12-seitiges Sonderheft zur mittelalterlichen Zeit, beispielsweise zu einem möglichen Turnierverbot:

»KIRCHE DROHT MIT TURNIERVERBOT – Erste Hintergrund-berichte – Aktuelle Stimmen zur Situation:

Die Gerüchte haben sich in den letzten Tagen immer mehr verdichtet. Im Brennpunkt dabei: das Ritterturnier zu Kaltenberg, das anlässlich der Verlobung von Prinz Leonhardt mit der spanischen Prinzessin Juanita d'Aragon abgehalten werden soll. Längst sind einige der berühmtesten Recken eingetroffen am Hof von Kalten-berg, ein froher Markt ist rings um das Schloss entstanden, die Men-schen strömen von weit her – und doch kann ihnen niemand ga-rantieren, dass das große Ereignis, das Turnier in der Arena, auch wirklich stattfinden wird. Aus kirchlichen Kreisen ist zunächst leise Kritik zu vernehmen gewesen, die wuchs sich aus zu einem heftigen Veto gegen das Turnierspiel und nun, kurz vor dem großen Ereignis, hört man allenthalben das bittere Wort: Turnierverbot!
Ob die sieben Prüfungen der Ritter auch wirklich abgehalten wer-den können, das stellt sich gewiss erst in den letzten Stunden vor dem Turnier heraus ...«

In der »tz-Depesche«, längst ein Kaltenberger Sammler-stück, war zu lesen, dass die Kirche dem barbarischen Trei-ben beim Ritterturnier ein En-de bereiten wollte.

Diese »tz-Depesche«, eine gelungene Mischung aus realer Berichterstattung und Fiktion, ist viele tausend Mal in Kaltenberg verteilt worden, aber bis heute hält die Nachfrage nach diesen Sammlerstücken unvermindert an.

Kaltenberg ist Kult, ganz offensichtlich. Das größte Ritterturnier der Welt wird noch viele, viele Besucher begeistern. Und Prinz Luitpold und Prinzessin Beatrix dürfen zufrieden sein: Die Idee ist zum großen Erfolg geworden. Und das nicht nur und nicht vor allem in unternehmerischer Hinsicht, sondern ganz besonders auch in der Stimmigkeit, der Perfektion und der Unvergleichlichkeit des Kaltenberger Ritterturniers.

Dass hier und da mal was passiert, das aus dem Rahmen fällt, stört da nicht, er-höht im Gegenteil noch den Reiz dieser Veranstaltung.
Zum Beispiel, wenn der Adler in der Arena nicht macht, was von ihm gefordert und von den Zuschauern erwartet wird. Nachzulesen tags darauf zumindest in der regionalen Presse. Das »Landsberger Tagblatt« schreibt:

»Während des Einzugs der Mitwirkenden in die Arena verweigerte der große Adler der Falknergruppe Niederrieden seinen Dienst. Im atemberaubenden Tiefflug schoss er aus der Arena, machte eine Zwischenlandung in den uralten Kastanien, die dem Biergarten unweit des Turniergeländes Schatten spenden, um dann zur Landung auf einem Biergartentisch anzusetzen. Einem völlig verdutzten Besucher zog er eine Schweinshaxe vom Teller und ließ sie sich so lange schmecken, bis ihn seine Leute wieder eingefangen hatten ...«

Oder die Geschichte vom entlaufenen Tanzbären, »dessen Krallenspuren noch immer an einer Tür des Schlosses zu sehen sind«, wie Prinzessin Beatrix erzählt. Zugetragen hat sie sich in den frühen Jahren des Kaltenberger Ritterturniers. Damals gab es auch einen Tanzbären, sehr gut dressiert, eine große Attraktion. »An einem Vormittag ist der Bärenführer mit seinem Bären auf den Feldern spazieren gegangen. Irgendetwas hat das Tier erschreckt, es hat sich losgerissen und ist auf und davon. Runter ins Dorf Kaltenberg. An einem Gartenzaun hat sich der Bär den Maulkorb runtergescheuert. Und dann ist er wieder rauf zum Schloss.«

Zwei Meister ihrer Art: der gefürchtete Schwarze Ritter und der Adler, der König der Lüfte.

Und jetzt wird die Geschichte dramatisch: »Im Schlosshof gab es zwischen Brauerei und Veranstaltungsbüro eine allgemein zugängliche Toilette. Dort hatte eine Mitarbeiterin gerade Platz genommen, als jemand gegen die Tür trommelte. Die Frau dachte sich, ›Oh, da muss es wer sehr eilig haben‹. Und um diesem Menschen in Nöten den Vortritt zu lassen, schob sie den Riegel zurück. Im nächsten Moment bekam sie einen Stoß und flog nach hinten in die Toilette. Es war der Bär!!«

Zum Glück haben draußen Brauereiarbeiter den Bären abgelenkt. Die Frau war zum Glück unverletzt, kam wieder auf die Beine und hat sich im Klo eingeschlossen, ja, sie hat sich verständlicherweise verschanzt und verriegelt. »Der Tanzbär ist dann wild und verwirrt im Schlosshof herumgesprungen. An der Eingangstür zum Schloss hat er mit seinen großen Krallen heftig gekratzt. Es hat einige Mühen gebraucht, bis sein Dompteur ihn wieder einfangen konnte. Noch mehr Mühen aber waren nötig, die Frau aus dem Klo zu bekommen. Sie war völlig geschockt. Es hat überhaupt nichts geholfen, dass ich ihr persönlich versichert habe, dass der Bär gefangen und längst fort sei. Zwei volle Stunden hat es gedauert, bis sie sich heraus getraut hat ...«

Es gibt viele Geschichten vom Kaltenberger Ritterturnier. Und jeder weiß andere: der Prinz, die Prinzessin, die Mitarbeiter, die Ritter, die Künstler – und natürlich jeder Besucher. Alle haben ihr eigenes Bild vom Kaltenberger Ritterturnier. Und alle ihre eigenen Geschichten.

So war das bisher. Und so wird es noch lange gehen ...

VON TJOSTEN UND BUHURTEN

Wie es im mittelalterlichen Turnier wirklich zugegangen ist

Historische Miniatur aus »Hans Burgkmairs Turnier-Buch«

Ob es in Kaltenberg auch schon vor Hunderten von Jahren Ritterturniere gegeben hat, kann niemand sagen. Nichts ist überliefert, es gibt keine Urkunde, keine Erwähnung, keinen historischen Fund. Für Turniere im Mittelalter finden sich keinerlei Belege. Was aber die Ausführung der Kampfspiele beim 1980 ins Leben gerufenen Kaltenberger Ritterturnier betrifft, so legt man besonderen Wert darauf, dass sie als Fortführung großer Traditionen anzusehen sind.

Auch wenn es vorzügliche Stuntmen sind, die das Turnier präsentieren; auch wenn die »Choreographie« des Turniers akribisch einstudiert wird; auch wenn niemand mehr Leib und Leben riskieren möchte; auch wenn im Falle einer Blessur die ärztliche Hilfe heute eine natürlich weit bessere ist als vor achthundert Jahren, so will man in Kaltenberg doch vor allem eines: ein Ritterturnier, das so intensiv und so stimmungsvoll ist, dass es auch im Mittelalter hätte stattfinden und sein Publikum begeistern können.

118

Aber wie war das nun eigentlich im Mittelalter? Woher stammen die Turniere? Ging es um Spiel oder um Kampf, um Kriegerisches oder um Festliches, ging es um Leben oder um Tod?

Hier nur ein Versuch, diese Fragen kurz gefasst zu beantworten: Das Ritterturnier, wie es heute wieder in Kaltenberg veranstaltet wird, hat seinen Ursprung wohl in Frankreich. Schon im 10. Jahrhundert hat es dort genau festgelegte Regeln für Turniere gegeben, das erste überlieferte Turnierbuch stammt aus der Hinterlassenschaft des nordfranzösischen Ritters Gottfried von Preuilly, es ist um die Mitte des 12. Jahrhunderts entstanden. Und trotzdem ist nicht Frankreich der Urboden dieses eigenwilligen Kampfspiels. Die Vorläufer sind in der islamischen Welt zu suchen, und es ist anzunehmen, dass arabische Reiterspiele während der maurischen Herrschaft in Spanien ihren Weg vom Morgenland ins Abendland gefunden haben.

Die Ritterschaft selbst ist zurückzuführen auf politische und militärische Entwicklungen im 9. und 10. Jahrhundert. Die Ritter waren bestens ausgebildete und ausgerüstete Kriegsleute, vom Adel dem Kaiser oder den Königen zur Verfügung gestellt, auf dass ein solches Berufssoldatentum den schwierigen Anforderungen der Zeit bestens vorbereitet begegnen könnte.

»Da das frühe Mittelalter ein permanenter Kriegsschauplatz war – unterbrochen nur von zeitlich und örtlich begrenzten friedlichen Intervallen – entwickelten sich die ritterlichen Pflichtkontingente sehr schnell zu einem ständig bereiten Berufsheer«, ist nachzulesen in der Neuausgabe von »Hans Burgkmairs Turnier-Buch«. Der kriegerische Hintergrund des Turniers lässt sich nicht bestreiten, die verschiedenen Formen von Turnieren verdeutlichen das. Es gab zum Beispiel den Buhurt, das Massenturnier. Zwei Rittergruppen kämpften gegeneinander, und sie versuchten, sich aus vollem Galopp vom Pferd zu stoßen. Eine Abwandlung da-

Gemäß alter Überlieferung heißt der Lanzenkampf zu Pferd »Tjost« – Mann gegen Mann, bis einer der beiden schwer getroffen aus dem Sattel stürzt.

von war der Buhurt ohne Rüstung: Die Ritter kämpften nur durch ihre Schilde geschützt, und sie benutzten stumpfe Lanzen. Unübersehbar bei den Buhurten die Nähe zum kriegerischen Kampf – so oder so ähnlich hätte auch eine richtige Schlacht zwischen Reiterheeren aussehen können.

Bei den Tjosten hingegen handelt es sich um das Reiterduell Mann gegen Mann, wie es in Stichen und Radierungen überliefert und in historischen Turnierbüchern dargestellt worden ist. Nicht zu vergessen der ritterliche Schwertkampf zu Fuß – eine aufregende Demonstration der Geschicklichkeit mit Schwert, Streitaxt und Morgenstern.

Bei den Turnieren zeigten die Mitglieder dieses »Berufssoldatentums« ihre Waffen- und Reitkünste, und sie mussten noch im spielerischen Kampf großen Mut beweisen. Der Preis des Ruhms war ein immenses Risiko: Die Gefahr, im Turnier schwerst geschädigt oder auch getötet zu werden, war groß. Das Schicksal Herzog Leopolds V. von Österreich mag als Beleg dafür dienen: An Weihnachten des Jahres 1194 hatte Leopold zu einem Turnier nach Graz eingeladen, und er war in den Sattel gestiegen, um selbst am Kampfspiel teilzunehmen.

Es war nicht die Gefährlichkeit der Waffen, die ihm zum Verhängnis wurde – in den meisten Turnieren wurde mit abgestumpften Lanzen gekämpft, und beim Tjost, hoch zu Ross Mann gegen Mann, ging es ja nicht darum, den Gegner zu verletzen, sondern »lediglich« darum, ihn am gepanzerten Schild zu treffen und durch diese Wucht aus dem Sattel zu werfen. Damit diese Stürze vom Pferderücken nicht zwingend zu schweren Schäden führen mussten, waren die Turnierplätze, die Innenhöfe von Burgen und Schlössern, die Zwinger oder die Marktplätze, dick mit Stroh bedeckt, was zumindest ein wenig den Aufprall linderte – zumeist, aber nicht immer. Herzog Leopold stürzte unglücklich, und er zertrümmerte und quetschte sich ein Bein. Die Verletzung war so schwer, dass er sich das Bein von einem Kämmerer abschlagen lassen musste. Aber auch diese radikale Behandlung konnte ihn nicht mehr retten. Der Turnierherr verstarb bald darauf am fast unvermeidlich einsetzenden Wundbrand.

Eine Begebenheit, die zweierlei deutlich macht: Turniere waren üblicherweise und eigentlich Kampfspiele und keine ernst geführten Duelle auf Leben und Tod. Und zugleich waren sie stets doch so gefährlich, dass der Abstand zwischen Spiel und Ernst nicht breiter war als die scharf geschliffene Schneide eines Schwertes.

Man kann sich leicht vorstellen, dass auch für die heutigen Ritter in Kaltenberg so ein Tjost eine ziemlich gefährliche, in jedem Falle harte Angelegenheit ist ...

Folgende Doppelseite:
Der vom Pferd gestoßene Ritter bleibt benommen liegen. Nach wenigen Augenblicken erhebt er sich und setzt den Kampf mit dem Schwert fort.

123

Auch wenn mit furchterregenden Waffen, mit Lanzen, Schwertern und Morgensternen gekämpft wird – Kaltenberg ist ein Turnierspiel. Und alle Akteure achten tunlichst darauf, die Kämpfe unversehrt zu überstehen.

Mut, Tapferkeit, ja, vielleicht sogar Tollkühnheit waren einige der Charaktereigenschaften, die für ein Dasein im angesehenen Ritterstand unerlässlich waren. Aber es waren dies nicht die vorrangigsten Tugenden. Um ein guter Ritter zu werden, bedurfte es einer gründlichen Ausbildung in der Kampfeskunst von früher Jugend an. Sodann hatte ein solcher Eleve als Knappe zu dienen, als enger Gefolgsmann bei einem Hochadeligen oder gleichsam als »Geselle« bei einem Ritter. Erst dann konnte der junge Mann mit dem Ritterschlag geadelt und in den Ritterstand erhoben werden.

Nun ist aber nicht immer nur vom Kampf die Rede, wenn man vom Ritter spricht. Heute fast schon vergessen, wurde bis in die Mitte des 20. Jahrhunderts ein besonders ehrenhafter Mann, der ein mutig-tugendhaftes Verhalten an den Tag gelegt hat, als »ritterlich« beschrieben ... Auch hierfür liegen die Vorbilder im Mittelalter und beim Ritterstand: »Zum ritterlichen Leben gehörte ... schließlich aber auch ein Tugend- und Moralsystem, das bestimmt war, die rohe kriegerische

126

Gewalt zu lenken und zu versittlichen«, schreibt Reinhard Bentmann in der schon erwähnten Neuausgabe von »Burgkmairs Turnier-Buch«.

Und er meint damit als besondere Tugenden Genügsamkeit, Askese, Gefühl für die Verhältnismäßigkeit der Mittel, Gefolgschaftstreue und Loyalität den Lehnsherren gegenüber. Und weiters ist von der Barmherzigkeit des Ritters die Rede, von seinem Schutzinstinkt für Kinder, Frauen, alte Menschen, und von seinem Anstand gegenüber Unterlegenen, gegenüber besiegten Gegnern. Und nicht zu vergessen: die Ritterlichkeit gegenüber der Dame; Kniefall, geradezu extreme Höflichkeit, Fürsorge und erstaunlich zartfühlendes Entgegenkommen – und das nicht nur als Modeerscheinung, sondern als besondere Ausprägung im europäischen Mittelalter.

Ein wirklicher Ritter, der diesen Titel auch wie eine Auszeichnung tragen durfte, musste alle diese Eigenschaften, die heroischen wie die sozialen, in sich vereinen

Es gibt nicht nur einen spektakulären Tjost beim Kaltenberger Ritterturnier – in zahlreichen Zweikämpfen treffen die Recken aufeinander, bis es zum großen Finale kommt.

127

und darin einem Samurai ganz ähnlich sein: Denn dieser Wesensverwandte aus dem Land der aufgehenden Sonne war ja auch nicht nur Kämpfer mit Schwert und Bogen, sondern auch Beschützer. Und, auch darin dem guten Ritter ähnlich, einer, der sein Leben lang an seinem Wesen arbeitete, die Kunst des Kampfes genauso perfektionierte wie die Kunst den Tee zu bereiten ...

Vor den Turnierkämpfen müssen alle Ritter ihre Reit- und Waffenkunst demonstrieren: wie beim Ringestechen oder beim Speerstoß aus vollem Galopp.

Das mittelalterliche Ritterturnier war also gleichsam die festliche Variante der kämpferischen Übungen des Ritterstandes. Der Hof und die Herrschenden entdeckten diese Kampfkünste als besondere Attraktion. »Das Turnier, seit seinen Anfängen ein zweckbestimmtes, der Einübung in das Kriegshandwerk dienendes Waffenspiel, verliert am Hof seinen rein militärischen Charakter ...«, kann man in Fleckensteins »Das ritterliche Turnier im Mittelalter« nachlesen.

Der Unterhaltungswert der ritterlichen Kampfübungen trat in den Vordergrund. Für die Herrschenden im hohen Mittelalter wurde ein Ritterturnier zu einem schmückenden Beiwerk und nicht selten auch zum Glanzpunkt ihrer Feste. Keine Feier mehr ohne Lanzenritt!

Selbst die Kirche, die heftig gegen diese Turniere wetterte, zeitweise auch Verbote erließ, biss sich die Zähne an der Ritter-Begeisterung des Adels und zunehmend des Volkes aus. Ursprünglich waren auch Kirchenfürsten vom Ritterturnier begeistert, schwangen sich selbst aufs Pferd und erprobten ihre Waffenkunst. Ein päpstliches Dekret aber untersagte die Teilnahme der Würdenträger des Klerus und ließ die Stimmung nach und nach umschwenken.

Für die Ritter wiederum, bestens ausgebildete Kämpfer wie schon gesagt, geschult in besonderen Waffengängen und jederzeit bereit, als Elite-Einheit für ihre Herrscher in die Schlacht zu ziehen, waren Turniere eine höchst willkommene Abwechslung, Prüfung und Chance. Eine gute Selbstdarstellung bei

129

Vorhergehende Doppelseite:
Sieg und Niederlage liegen na-
he beieinander. Eben noch stol-
zer Sieger, entscheidet schon
nach dem nächsten Tjost das
»Gottesurteil« über Leben und
Tod. Das Publikum geht enthu-
siastisch mit.

einem Turnier war zumindest mit Ansehensgewinn, mit Ehre und Ruhm verbunden. Aber natürlich lockte auch materieller Zugewinn.

Insbesondere bei höfischen Turnieren konnte der Lohn für einen siegreichen Turnierritter enorm sein, schließlich waren die Ritter die Heroen, die »Stars« ihrer Zeit. Sie wurden von Jung und Alt bewundert, angehimmelt von den jungen Frauen aller Stände, gefördert von den Herrschern, besungen von den Minnesängern. Hätte man einen Buben aus dem Volk vor die Wahl gestellt, König zu sein und das Land zu regieren oder aber Ritter zu sein und berühmt zu werden, so hätte er sich bestimmt für Letzteres entschieden.

Eine Überraschung: Unter
Helm und Rüstung verbirgt
sich eine attraktive junge
Frau.

Und damit lässt sich der Bogen schlagen nach Kaltenberg und zum Ritterturnier in unseren Tagen. Denn heute ist es ganz genau wie damals: So manch einer würde doch am liebsten ein Ritter sein, seinen Mut beweisen und sein Können zeigen in der Arena und gefeiert werden als großer Held – so wie die Ritter von damals, in der hohen Zeit der Turniere im 12. und 13. Jahrhundert. Und dann wieder im 15. Jahrhundert, als zum Ende des Mittelalters das Turnier noch einmal neue Belebung fand, um dann endgültig in die Geschichte einzugehen. Endgültig? Nicht ganz!

Rechte Seite:
Die absolut furchtlosen Pferde
der »Cascadeurs Associés«
gehen sogar durchs Feuer.

Denn in einem kleinen oberbayerischen Ort, umringt von Moderne und Fortschritt, hat im Jahr 1980 das Mittelalter neu begonnen, ist das historische Ritterturnier zu neuem Leben erweckt worden, und seit dem Frühsommer 1980 geht das nun schon so – und wahrscheinlich hört das auch nicht mehr auf.

Ohne Übertreibung kann man sagen, dass mit dem Kaltenberger Ritterturnier ein Trend ausgelöst worden ist. Das Mittelalter im Allgemeinen und das Turnier im Besonderen wurden aufs Neue spannend, faszinierend und interessant. Eine bedeutende historische Epoche und ein außergewöhnliches Kampfspiel erleben hier ihre Renaissance.

Wenn dann am letzten Veranstaltungssonntag der letzte Ritter durchs große Tor reitet, kommt Wehmut auf: wieder ein Jahr lang warten bis zum nächsten Ritterturnier ...

DIE WITTELS-BACHER

Von den echten Rittern bis zum Kaltenberger Ritterturnier

Eine Familienbiografie der Wittelsbacher würde viele tausend Seiten umfassen. Der Stammbaum ist so groß und auch so weit verzweigt, dass es schwer fällt, auch nur die stärksten Äste nachzuzeichnen. Statt einer Familienchronik hier also nur ein kurzer Gang durch die Geschichte: schnell und mit großen Schritten. Und, weil es hier ja vor allem um das Ritterturnier geht, vor allem entlang besonderer Beziehungen zum Mittelalter und zum Ritterspiel und zum Ritterernst.

Die Geschichte der Wittelsbacher umfasst annähernd ein Jahrtausend. Sie reicht zurück bis ins Jahr 1180, als Otto von

Wittelsbach – der Name ist abgeleitet von der Burg »Witelinespach« (heute: Oberwittelsbach) bei Aichach – von Kaiser Friedrich Barbarossa mit dem Herzogtum Bayern belehnt worden ist. Zwischen diesem Ursprung des Wittelsbacher Adels- und Herrschergeschlechts und dem heutigen Luitpold Prinz von Bayern liegen mehr als 800 Jahre wechselvoller Geschichte Bayerns und des so genannten »Heiligen Römischen Reiches Deutscher Nation« und ganz Europas. Die Wittelsbacher haben diesen gewaltigen Zeitraum entscheidend geprägt. Sie haben die Politik bestimmt, aber auch das gesellschaftliche und kulturelle Leben. Sie haben sich in Kriege verstrickt, aber sie haben auch wieder und wieder Frieden gestiftet, Fortschritt gebracht, den Schöngeist gefördert, die Wissenschaften und die Künste, und damit den Versuch unternommen, das Leben der Menschen, vor allem derer in Bayern, immer wieder zu bereichern und auch annehmlicher zu machen. Ohne Übertreibung lässt sich sagen: Bayern wäre nicht Bayern, wenn es die Wittelsbacher nicht gegeben hätte.

Linke Seite: Kaiser Friedrich I. Barbarossa belehnt 1180 Graf Otto I. von Wittelsbach (1120–1183) mit dem Herzogtum Bayern.

Was fällt uns, fällt jedem ein, wenn er den Namen Wittelsbach hört? Denkt man an Ludwig II., oft und gern als Märchenkönig bezeichnet? Denkt man an Neuschwanstein oder Linderhof? Denkt man an München und König Ludwig I., der mit »seinem« Architekten Leo von Klenze das Stadtbild neu definiert hat? Oder denkt man ans Reinheitsgebot des Bieres oder an die Landshuter Hochzeit oder an das Ende der Monarchie im Jahr 1918? Oder denkt man an Ludwig den Bayern?

Schon bei ihm wird klar, dass es unmöglich ist, so viel Geschichte auf so wenige Seiten im Buch zu »komprimieren«. Vom Königs- und vom Kaisertum müsste die Rede sein, von München und von Rom, vom Gegenpapst in Avignon, dem dieser Regent aus dem Hause Wittelsbach den Namen »der Bayer« verdankte, wenngleich dem Kirchenoberhaupt Johannes XXII. der »Bavarus« ein ständiges Gräuel war.

Kaiser Ludwig der Bayer (~1283–1347) mit seiner Gemahlin Margarete von Holland

137

Ludwig der Bayer war ein ehrgeiziger, entschlossener, starker Regent, der zugleich stets das Beste für sein Reich und seine Untertanen wollte. Er galt als »schneidig, jähzornig, leutselig, ein rotgesichtiger Mann mit scharfer Adlernase, um die Lippen ein leises Lächeln« (Benno Hubensteiner, »Bayerische Geschichte«, 1980). Ludwig der Bayer gewann Schlachten und er kümmerte sich nicht um den Kirchenbann, mit dem der Papst ihn belegte: Er ließ sich in Rom zum Kaiser krönen. In Bayern tat er sehr viel für die Entwicklung der Städte, er förderte den Italienhandel, vergab wichtige Privilegien, schützte die Juden, und er sorgte für ein erstes, deutsch geschriebenes Rechtsbuch, das über 200 Jahre Gültigkeit behalten sollte. Quer durch alle Stände genoss er die Zustimmung der Menschen in seinem Volk. Als Kaiser und als Kriegsherr war er dabei ständig unterwegs; von seinen 33 Regierungsjahren (!) verbrachte er insgesamt nicht einmal sechs Jahre in seiner Hauptstadt München. Auf einem seiner Wege, auf dem Rückweg nach Bayern, gründete er »got ze lob und unser frawen ze ern« im Jahr 1330 das Marienmünster zu Ettal.

Kaiser Ludwig der Bayer verstarb 1347 bei einer Bärenjagd in der Nähe von Fürstenfeldbruck – aber es war kein Jagdunfall, sondern ein Gehirnschlag, der ihn ereilte. Der »Bavarus« wurde beigesetzt in der Münchner Frauenkirche, sein Herz aber brachte man in das von seinem Vater erbaute Zisterzienserkloster Fürstenfeld.

Das Paar der Landshuter Hochzeit: Herzog Georg der Reiche (1455–1503) und seine Gemahlin Ludwiga

Beim kleinen Ort Puch, gelegen an der heutigen Bundesstraße von Fürstenfeldbruck nach Augsburg – und damit gerade mal 20 Kilometer von Kaltenberg entfernt –, erinnern bis heute eine Gedenksäule und, ein paar Schritte weiter, ein naiv gemaltes Fresko an Ludwigs Tod. Ein beeindruckendes Standbild Kaiser Ludwig des Bayern zeigt in der Münchner Residenz die große, starke Persönlichkeit des Kaisers aus dem Hause Wittelsbach. Und auf dem Münchner Kaiser-Ludwig-Platz erzählt ein monumentales Standbild von einstigem kaiserlichen Glanz.

Kleine Anekdote am Rande: Ludwig der Bayer war in zweiter Ehe mit Margarete von Holland verbunden. Nach seinem Tod regierten seine Söhne Albrecht I. und Wilhelm II. nicht nur das Herzogtum Straubing –, sondern auch aus großer räumlicher Distanz Holland. Der Name Niederlande ist, als Gegensatz zum bayerischen Oberland, zurückzuführen auf die Regentschaft der Wittelsbacher ...

Ins 15. Jahrhundert fällt ein anderes, zumindest zunächst weitaus glücklicheres Ereignis im Haus Wittelsbach: In Landshut heiratet der 20-jährige Herzog Georg der Reiche, wie sein Vater Ludwig IX. den Sinnenfreuden überaus zugetan, die 18-jährige Jadwiga von Polen, Tochter König Kasimirs IV. Mehrere Wochen ist die Braut unterwegs, ehe sie am 14. November 1475 zur Hochzeit eintrifft. Kaiser und Könige, Herzöge, Bischöfe und Ritter geleiten das Paar – und alle, Adelige und Bürgerliche, Reiche und Arme, sind eine Woche lang Gäste des Herzogs. Dass er wenige Jahre später seine polnische Jadwiga gleichsam nach Burghausen »abschiebt«, um ganz ungeniert seiner Leidenschaft, dem Ritterturnier, und daneben Wein, Weib und Festen zu frönen, ist dann schon wieder eine andere Geschichte ...

Wilhelm IV. (1493–1550), Herzog von Bayern

Jedenfalls wird in Landshut seit 1903 im Vierjahresrhythmus die »Landshuter Hochzeit« nachgespielt. Fast 2000 Mitwirkende agieren dicht am historischen Vorbild, und sie lassen die Zeit Herzog Georgs fast wieder lebendig werden.

Vier Jahrzehnte nach diesem großen Fest erließ der kunstsinnige, festlichen Ritterturnieren sehr zugetane Herzog Wilhelm IV. das »Reinheitsgebot von 1516«, eines der ältesten überlieferten Lebensmittelgesetze. Es besagt unter anderem, dass zum Bierbrauen »allain gersten, hopfen und wasser genommen und gepraucht sölle werden«. Davon, vom Reinheitsgebot und vom guten Kaltenberger Bier, wird an anderer Stelle noch ausführlicher die Rede sein.

Aber von seiner Begeisterung fürs Ritterturnier gleich hier und jetzt:Erwähnt sein müssen in diesem Zusammenhang die Burgkmairs, Vater und Sohn, beide Hans mit Namen, künstlerische Holzschneider von höchstem Ansehen. Für Österreichs Kaiser Maximilian I. hat Burgkmair der Ältere, Lehrmeister auch von Holbein und Dürer, ein

139

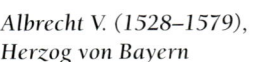

Albrecht V. (1528–1579),
Herzog von Bayern

Wilhelm V.
(1548–1626),
Herzog von Bayern

wundervolles »Turnier-Buch« geschaffen – es zeigte die verschiedenen Arten von Rüstungen, des Festschmuckes und des Kampfes bei großen Turnieren.

Gemeinsam mit seinem Sohn fertigte er im Auftrag Herzog Wilhelms IV. im Jahr 1529 das 15 Blätter umfassende »Münchener Turnier-Buch« – ein grafisches Meisterwerk und zugleich eine kunstvolle Hommage an das ausklingende Zeitalter der Ritter und ihrer Turniere.

Schauen wir uns das heutige München an, so sehen wir auch die Zeugnisse des Wirkens von Herzog Albrecht V. Zu den baulichen Maßnahmen seiner Regentschaft gehört das so genannte Antiquarium in der Residenz – Kunstsaal für seine Antikensammlung, außerdem der Münzhof und die Schatzkammer.

Das Mäzenatentum, die Förderung von Kultur und Wissenschaft in der jeweiligen Zeit, gehören durch alle Generationen der Wittelsbacher zu einem ihrer bevorzugten Anliegen: 1556 ernannte Albrecht V. den genialen niederländischen Musiker Orlando di Lasso zum Hofkomponisten der herzoglichen Musikkapelle. Der hielt dem Hof sein Leben lang die Treue, komponierte mehr als 2000 Werke, und zumindest eines davon konnte Wunder wirken: »Am Fronleichnamstag 1584 vertrieb die Motette ›Gustate et videte‹ ein Gewitter und die Prozession konnte trockenen Hauptes weiterziehen.«

Albrechts Sohn, Herzog Wilhelm V,. ging dann als »der Fromme« in die Annalen ein – auch dies ließe sich am Münchner Stadtbild ablesen: Er ließ das Jesuitenkolleg erbauen und, als bedeutendsten Renaissance-Sakralbau Deutschlands, die Jesuitenkirche St. Michael.

Doch auch diese Hinwendung zum Jenseitigen, zum Göttlichen vermochte nicht, das kommende Leid von Bayern abzuhalten. Die erste Hälfte des 17. Jahrhunderts war geprägt von Krieg und Verwüstung, von Hunger und Pest.

Im Jahr 1651 hatte München noch 9000 Einwohner – vor der düsteren Zeit des Krieges und der Pest hatten etwa 240 000 Menschen in der Stadt gelebt. »Doch der Mut und die Tatkraft der Überlebenden war nicht gebrochen. In der nun folgenden Zeit des Wiederaufbaues konnten sich Barock und Rokoko als Ausdruck eines neuen Kunstempfindens zu höchster Blüte entwickeln« (Alfred Wunderlich, »Ludwig II.«).

Zur prägenden Persönlichkeit wurde der 1662 geborene Kurfürst Maximilian II. Emanuel, kurz Max Emanuel oder auch »der blaue Kurfürst« genannt. Aus Dankbarkeit über den Thronfolger ließ sein Vater Ferdinand Maria die Theatinerkirche in München erbauen, und zwei Jahre nach Max Emanuels Geburt begannen die Arbeiten an Schloss Nymphenburg.

Maximilian II. Emanuel (1662–1651), Kurfürst von Bayern

Max Emanuel freilich, der bereits mit 17 Jahren das Regierungsamt zu übernehmen hatte, ging weniger als Schöngeist und Bauherr in die Geschichte ein, als vielmehr wegen seiner militärischen Stärken. Es war die Zeit, als die Türken mit 250 000 Mann vor den Toren Wiens standen. Österreich war bedroht, aber auch das Deutsche Reich. Max Emanuel kam dem Österreichischen Kaiser Leopold zu Hilfe – und im Verbund mit den Truppen des polnischen Königs Johann Sobieski wurden die Türken am 11. September 1683 vernichtend geschlagen.

Fünf Jahre später war Max Emanuel Befehlshaber bei der Stürmung der Festung Belgrad. Er wurde der Schwiegersohn des Kaisers und er bekam von den Türken den Ehrentitel »Blauer Kurfürst« – nicht vergessen werden darf bei so viel Ruhm und Ehre allerdings, dass 30 000 bayerische Soldaten in diesen Kriegen und Schlachten ihr Leben verloren ...

Es würde zu weit gehen, die Hintergründe des Spanischen Erbfolgekrieges darzulegen. Nur soviel: Aufgrund diplomatischer Verwicklungen hatten sich der »Blaue Kurfürst« und sein Schwiegervater entzweit, die Österreicher besetzten Bayern und regierten mit eiserner Faust, das Schicksal der Menschen war ein

141

Der Schmied von Kochel
(Gemälde von Franz v.
Defregger)

schweres. »Lieber bairisch sterben als kaiserlich verderben« war die Losung eines Volksaufstandes im Jahr 1705, der als »Sendlinger Mordweihnacht« in die Geschichte einging. Am Weihnachtsabend standen Bauern aus Niederbayern und aus dem Oberland vor den Stadttoren Münchens, wild entschlossen, die Besatzer zu verjagen. Aber sie gerieten in einen Hinterhalt, konnten den zwar zahlenmäßig nicht überlegenen, aber bestens ausgebildeten und mit modernsten Waffen versehenen kaiserlichen Truppen nichts entgegensetzen. Bei der Alten Sendlinger Kirche wurden viele hundert Bauern niedergemetzelt. Unter ihnen soll einer gewesen sein, der legendär geworden ist, obwohl man nicht schlüssig weiß, ob es ihn überhaupt gegeben hat: der Schmied von Kochel ...

Ein Jahrhundert später müssen diese Ereignisse wie aus dem tiefsten Mittelalter gewirkt haben. Jetzt regierte König Ludwig I., und ihm lag das Martialische fern. Er wollte Bayern und München zu voller Blüte bringen – und das gelang ihm nicht zuletzt dank des großen klassizistischen Architekten Franz Karl Leopold von Klenze. In einer kongenialen Allianz machten sie die bayerische Haupt- und Residenzstadt zu einer Prachtstadt internationalen Zuschnitts: Die Ludwigstraße zeigt Ludwigs Liebe zur Prachtentfaltung und Klenzes architektonischen Monumentalstil. Am Königsplatz die Propyläen und die Glyptothek; die Alte Pinakothek, die dazumal die Neue Pinakothek war, und nicht zuletzt die Ruhmeshalle auf der Theresienwiese.

Apropos Theresienwiese: Anlässlich Ludwig I. Hochzeit mit Therese von Sachsen-Hildburghausen, ließ der König am 17. Oktober 1810 vor den Toren der inneren Stadt ein großes Pferderennen veranstalten. Der Zuspruch aus der Bevölkerung war bei dieser hoch willkommenen Unterhaltung so groß, dass fortan alle Jahre im Oktober solch ein Fest gefeiert werden musste. Der Platz bekam den Namen Theresienwiese – und aus dem vom Wit-

Ludwig I.
(1786–1868),
König von Bayern

telsbacherkönig initiierten Fest ist das größte Volksfest der Welt geworden. Hoch, hoch, hoch lebe der König! Und: Zenzi, no a Maß!

Über seinen Enkel ist so viel erzählt und so viel geschrieben worden (und dabei doch manches im Geheimnisvollen geblieben), dass hier vor allem von Ludwigs II. Vorliebe für das sagenhafte Mittelalter erzählt sein soll. Denn es ist ganz offensichtlich, dass der posthum selbst zur Legende gewordene Bayernkönig ein besonderes »Faible« hatte für diese Epoche und die damit verbundenen Mythen.

Augenfällig wird das ganz besonders in Neuschwanstein. Dieses Schloss, weltberühmt geworden als Symbol für die Zeit des Märchenkönigs, weltberühmt längst auch als Symbol für Bayern, zeigt den phantasievollen Nachbau einer edlen Ritterburg.

Wo diese Hinwendung Ludwigs II. zum Mittelalter herrührt? In Hohenschwangau, dem nur ein paar Traumflügelschläge vom späteren Neuschwanstein ent-

Pferderennen anlässlich der Verlobung des Kronprinzen Ludwig 1810 mit Therese – der Anfang des Münchner Oktoberfestes

143

fernten Schloss seiner Kindheit, faszinierten ihn von klein auf (er wurde 1845 geboren) die Darstellungen im so genannten Schwanenrittersaal.

In Neuschwanstein ließ Ludwig II. diese Kindheitseindrücke nachhaltig wieder aufleben: Nicht nur das Schloss ist erbaut im Stil einer Burg; auch die Innenausstattung, insbesondere die Gemälde und die Gobelins, huldigen der Ritterzeit. Das Speisezimmer ist gesäumt von Minnesänger-Motiven; das Ankleidezimmer ist bebildert mit Szenen nach Walther von der Vogelweide, dem großen Sänger und Dichter des Mittelalters; im Wohnzimmer dominieren Rittermythen wie »Gralswunder« und »Lohengrins Ankunft«; das Arbeitszimmer erzählt von »Thannhäuser«; im Sängersaal entdeckt man u.a. »Parzival auf der Gralsburg« und im Thronsaal sind Szenen aus den Heiligengeschichten, wie St. Georg und der Drache, in ritterlicher Manier dargestellt.

Ludwig II. (1845–1886), König von Bayern

Im wahrsten Sinn des Wortes unüberhörbar die Querverbindungen zum Werk Richard Wagners, das durch Ludwigs II. Mäzenatentum in seiner Gesamtheit erst möglich geworden ist: »Der Ring der Nibelungen«, »Parzifal« – der innere Gleichklang dieser beiden Männer, des Königs und des Komponisten, erbrachten der Nachwelt Kulturgüter von unschätzbarem Wert.

Und die Lust des Königs am Mittelalter, an der Musik und an der Phantasie strahlt herüber in unsere Zeit und hält sich ungebrochen lebendig. Auch nach dem Ende der Monarchie im Jahr 1918. Auch nach den darauf folgenden politischen Wirren und Umstürzungen. Auch in unserer heutigen, ach so modernen Zeit.

Ludwig III. (1845– 1921), der letzte König von Bayern

Am besten spürt man das beim Kaltenberger Ritterturnier, wo ein bedeutender Abschnitt der großer Wittelsbacher Zeit genauso lebendig wird wie die Poesie, die in den überlieferten Helden- und Rittersagen enthalten ist. Die Realität des Rittertums, und die Mythen und die Sagen.

Dass diese Veranstaltung von einem Wittelsbacher gegründet worden ist, von Luitpold Prinz von Bayern, 1951 als Urenkel des letzten Bayernkönigs Ludwig III. geboren, kann da ja nur mehr als folgerichtig bezeichnet werden ...

Folgende Doppelseite:
Beim Blick auf die Geschichte des Hauses Wittelsbach findet man hinreichend Verbindungen zu Ritterspiel und Ritterkampf.

»DAS BIER WAR NOCH DUNKEL ...«

Die Wittelsbacher Brautradition, das Kaltenberger Bier und typisch Altbayerisches

Es gibt Leute, die schon seit vielen Jahren nach Kaltenberg kommen, das Ritterturnier in der Arena schon oft miterlebt haben. Für die gibt es einen Geheimtipp: während des zweistündigen Kampfspiels über den mittelalterlichen Markt spazieren. Da ist man dann fast allein mit den Marktfrauen und den Marketendern, nirgendwo muss man anstehen und jeder Handwerker hat Zeit, im ganz persönlichen Gespräch die Geschichte seiner Zunft zu erzählen oder einige Kniffe seiner besonderen Fertigkeit zu verraten.

Aus der Arena hört man das Klirren der Schwerter und Hellebarden, und man hört rauschend die Beifallskundgebungen des begeisterten Publikums. Hier am Markt aber ist es jetzt ziemlich still, und der Besucher hat viel Zeit darüber zu staunen, wie Kaltenberg den Zeitsprung in die Vergangenheit schafft: Spielzeugschwerter aus Holz statt Plastik-Schnickschnack, vor Ort gekochte, gebratene, gebackene mittelalterliche Kost statt vorgefertigte Tiefkühlware. In Kaltenberg wird das Mittelalter so echt zelebriert, wie es in unserer Zeit nur irgend möglich ist – natürlich bekommt man die Speisen frisch und gegebenenfalls gekühlt – niemand muss mehr mit elendigen Magenkrämpfen unter den Waldstauden hocken, wie das vor ein paar hundert Jahren durchaus noch der Fall gewesen sein mag; nur dass eben in Kaltenberg die unvermeidliche Technik aufwändig kaschiert wird, sodass die wunderschöne Illusion vom Mittelalter erhalten bleibt.

Alles hier soll so möglichst echt wirken, soll den Anschein erwecken, man befände sich in der Zeit Ludwigs des Bayern. Aber, fragt man sich, hat es da auch schon ein Bier gegeben? Reicht die Geschichte des Gersten- und des Weizensaftes so weit zurück? Haben gar die Wittelsbacher da schon gebraut, Dunkel, Hell und Weiß?

Auch dafür ist die Zeit zwischen Turnierbeginn und Turnierende ganz hervorragend geeignet: sich auf die Spur des Bieres zu machen. Sich im Schlosshof zu treffen mit Karl Bechler, ehemals Mitarbeiter der Kaltenberger Schlossbrauerei, und nun, seit dem Ruhestand, kundiger Führer zu Sud und Fass und Keller.

Im kühlen Fasskeller des Kaltenberger Schlosses findet sich auch dieses wertvolle 5000-Liter-Fass, das in den Schnitzereien vom sinnenfrohen Biergenuss erzählt.

»Ganz so einfach ist das nicht mit der Geschichte des Bieres«, sagt Bechler lächelnd. Im Besucherraum der Schlossbrauerei, altbayerisch holzgetäfelt, Wittelsbacherporträts an den Wänden, wunderschöne Bierkrüge in den Vitrinen, serviert er ein Probierkrügerl voll mit schäumendem Dunklen. »Die Geschichte des Biers reicht weit zurück. Aber es ist natürlich nicht so, dass es in Bayern schon immer ›Grundnahrungsmittel‹ gewesen wäre.« Und er legt ein Buch vor einen hin und deutet auf eine markierte Stelle, und die ist wirklich zum Staunen und zum Schmunzeln:

»Als Antonio de Beatis, Sekretär des Kardinals Luigi d'Aragona, im Jahr 1517

149

Das Kaltenberger Ritterturnier bietet in jedem Veranstaltungsjahr ein neues Krugmotiv. Kein Wunder, dass diese Krüge manch häusliche Vitrine schmücken.

durch Bayern reist, zeigt er sich angenehm erstaunt, dass sich überall in Gastwirtschaften gut unterkommen ließ … In allen Gasthäusern seien drei oder vier junge Serviermädchen, die sich zwar nicht wie die französischen Kammermädchen küssen ließen, wohl aber gerne zum Mittrinken einladen, wobei es im Reden und Benehmen recht frei zuzugehen pflegt.«

Erstaunt zeigte sich der Chronist auch darüber, dass überall zwei Sorten wohlschmeckenden Weines zu bekommen waren, ein Roter, ein Weißer, nach dem Brauch der Zeit aromatisiert mit Kräutern wie Salbei, Rosmarin und Flieder. Vom Bier, vom berühmten bayerischen Bier, kein Wort …

Und das, obwohl die Geschichte des Bieres natürlich weiter zurückreicht als ins frühe 16. Jahrhundert. Schon in der Steinzeit sollen die Menschen in manchen Ansiedlungen Bierähnliches genossen haben. Im 4. Jahrtausend vor Christus buken die Sumerer Brote aus gemälztem Getreide, weichten sie in Wasser ein und

ließen dieses Gemisch vergären – archäologische Studien haben bei diesem Volksstamm 16 verschiedene Biersorten nachweisen können ... Und: Schon den Babyloniern soll bekannt gewesen sein, dass Bier durch Zugabe von Hopfen haltbar gemacht werden konnte. Ein Wissen, das verloren ging, denn erst im frühen Mittelalter kam Hopfen als Bierwürze wieder auf. Im 8. Jahrhundert taten sich dann Kirchenfürsten und Mönche als Wegbereiter für den Siegeszug des Bieres hervor: Die Fastenzeit wurde erträglicher mit diesem »flüssigen Brot«, und klösterliches Brauwesen brachte Einnahmen.

Dabei war das Braurecht herzögliches Privileg: Der Herzog konnte Braurechte vergeben und damit Steuern einnehmen. Vom 12. Jahrhundert an begannen in Bayern private Brauereien den Klöstern Konkurrenz zu machen; im 14. Jahrhundert bildeten sich die Brauereizünfte.

Dass das Mittelalter nicht nur und nicht für alle eine rosige Zeit gewesen ist, lässt

Die Teilnehmerkrüge allerdings sind nicht käuflich zu erwerben. Sie sind den Mitwirkenden vorbehalten und jedem eine schöne Erinnerung.

151

sich am Beispiel der Bierhexen belegen: 1423 wurde die erste Frau, die für das Sauerwerden von Bier verantwortlich gewesen sein soll, als Hexe verbrannt ...

Eine Klimakatastrophe soll übrigens dazu geführt haben, dass in Bayern der Wein allmählich ins Hintertreffen geriet und das Bier seinen Siegeszug antreten konnte. Um 1460 sollen die heimischen Weinberge so starken Frost erlitten haben, dass sie sich nicht mehr erholen konnten. Der Hopfen aber überlebte ...

Ein emailliertes Brauereischild aus der alten Schankstube mit dem markanten Turm des Kaltenberger Schlosses

Schon vom frühen 15. Jahrhundert an wurde zumindest das Bier in Bayern auf seine Qualität hin geprüft – freilich auf bisweilen sehr skurrile Art und Weise: Die Bierprüfer nahmen Platz auf einer hölzernen Wirtshausbank, die übergossen worden war mit ein paar Maß des zu begutachtenden Gebräus. Da hockten und zechten sie eine volle, mit der Sanduhr gemessene Stunde, ohne sich auf ihrem Sitz zu bewegen. Und wenn sie nach Ablauf dieser Frist mit ihren hirschledernen Hosen auf der Bank kleben blieben, dann war das Bier gut und es gab keinen Grund zur Beanstandung ...

Aufs Engste verknüpft mit der Geschichte des Bieres ist das Haus Wittelsbach. »Die Geschichte der Wittelsbacher und die des bayerischen Bieres«, sagt Luitpold Prinz von Bayern, »gehen Hand in Hand und beides sollte in der Tat als Ganzes gesehen werden«.
Die erste Brauerei der Wittelsbacher wurde 1260 von Herzog Ludwig dem Strengen im Alten Hof von München gegründet, weitere 70 Brauereien folgten im Laufe der Jahrhunderte.

Einen historischen Eckpunkt der bayerischen Biergeschichte setzte im Jahr 1516 Herzog Wilhelm IV. mit dem Erlass des »Reinheitsgebotes«, das hier in einer Annäherung an die heutige deutsche Sprachform widergegeben werden soll:

»Wie das Bier im Sommer und Winter auf dem Land ausgeschenkt und gebraut werden soll:

Wir verordnen, setzen und wollen mit dem Rat unserer Landschaft, dass forthin überall im Fürstentum Bayern sowohl auf dem Lande wie auch in unseren Städten und Märkten, die keine besondere Ordnung dafür haben, von Michaeli bis Georgi eine Maß (bayerische = 1,069 Liter) oder ein Kopf (halbkugelförmiges Geschirr für Flüssigkeiten = nicht ganz eine Maß) Bier für nicht mehr als einen Pfennig Münchner Währung und von Georgi bis Michaeli die Maß für nicht mehr als zwei Pfennig derselben Währung, den Kopf für nicht mehr als drei Heller (Heller = gewöhnlich ein halber Pfennig) bei Androhung unten angeführter Strafen gegeben und ausgeschenkt werden soll.

Wo aber einer nicht Märzen sondern anderes Bier brauen oder sonstwie haben würde, soll er es keineswegs höher als um einen Pfennig die Maß ausschenken und verkaufen.«

Und jetzt kommt das Wichtigste, kommen jene Zeilen, die die eigentliche bayerische Biertradition begründet haben und die bis heute – zum Glück – ihre Gültigkeit besitzen:

»Ganz besonders wollen wir, dass forthin allenthalben in unseren Städten, Märkten und auf dem Lande zu keinem Bier mehr Stücke als allein Gersten, Hopfen und Wasser verwendet und gebraucht werden sollen. Wer diese Anordnung wissentlich übertritt und nicht einhält, dem soll von seiner Gerichtsobrigkeit zur Strafe dieses Fass Bier, so oft es vorkommt, unnachsichtlich weggenommen werden …
Gegeben am Georgitag anno 1516.«

Das enge Verhältnis der Wittelsbacher zum Brauwesen wurde durch das Reinheitsgebot noch bestärkt. Herzog Albrecht der Weise gründete das Hofbräuhaus in München – und zwar als Sparmaßnahme. Die offizielle Begründung lautete: Der Konsum des Hofstaates wurde von Wein auf Bier umgestellt und damit der Staatshaushalt saniert!

Im Jahr 1570 erwarb Kurfürst Maximilian in Schwarzach die einzige bayerische Weißbierbrauerei. Er ließ dann in München Testsude machen, um auch hier eine

Wie gut die Kaltenberger Biere schmecken, braucht wohl gar nicht besonders erwähnt zu werden. Da genügt das Bild von den Landsknechten, die den Tag beim Kaltenberger Ritterturnier feiern ...

Weißbierbrauerei einzurichten. Aufgrund des großen Erfolges dieses Bieres sind in den Folgejahren 40 kurfürstliche Weiße Bräuhäuser eröffnet worden. Sie unterstanden zentraler Leitung und wurden zur wichtigsten Einnahmequelle Bayerns im 17. Jahrhundert – Bier wurde zum Nationalgetränk.

Wahrscheinlich war es auch dieses über viele Wittelsbacher-Generationen weitergegebene Interesse am Brauen, das Luitpold Prinz von Bayern 1976 daran gehen ließ, die kleine Schlossbrauerei in Kaltenberg zu leiten, zu modernisieren und – was vielleicht das Wichtigste war – zum Begriff zu machen. Innerhalb weniger Jahre wurde das Kaltenberger Bier zu einer bayernweit überaus beliebten Marke, und zu einer Konkurrenz für die Münchner Großbrauereien, die das gar nicht gerne sahen – auch weil man dort nur allzu deutlich spürte, dass dem »Bier-Prinzen« die Ideen genauso wenig ausgehen würden wie die Begeisterung, sie auch umzusetzen ...

Und es kam ja dann auch alles Schlag auf Schlag: Exportbier für England, dann,

1980, das erste Kaltenberger Ritterturnier und, noch im selben Jahr, der Kauf der renommierten Marthabräu in Fürstenfeldbruck. Jetzt konnte das Wittelsbacher Unternehmen wachsen und gedeihen und fortan verschiedenste qualitätvolle Biersorten produzieren: »Kaltenberg Hell« und »Kaltenberg Spezial«, »Kaltenberg Pils« und »Kaltenberg Light«. Daneben Bierspezialitäten für festliche Anlässe: »Volksfest-Bier« und »Erntedank Festbier«. Und für die Starkbierzeit im Frühjahr den »Kaltenberger Ritterbock«. Und natürlich die zwei populärsten Erzeugnisse des Hauses: »Prinzregent Luitpold Weißbier« und »König Ludwig Dunkel«.

Heute ist die König Ludwig Schlossbrauerei Kaltenberg ein international tätiges Unternehmen – Kaltenberger Bier trinkt und bekommt man (fast) auf der ganzen Welt. Das Dunkle freilich erfreut sich vor allem in Bayern größter Beliebtheit.

Wie Karl Bechler zu erzählen weiß: »Das war ein ganz großes Verdienst von Prinz Luitpold, das Dunkelbier wieder eingeführt zu haben. Denn«, so erzählt er wei-

... und der Klosterbruder-Darsteller schmunzelnd sagt: »Schön war's wieder«. Und er trinkt einen Schluck »König Ludwig Dunkel« und fügt hinzu: »Im nächsten Jahr komm' ich wieder ...«

ter, »zu dieser Zeit war das doch schon völlig in Vergessenheit geraten. Erinnern Sie sich ans Königlich Bayerische Amtsgericht?«, fragt Bechler. »An die schöne Fernsehserie mit all den bayerischen Volksschauspielern. Spielt zur Prinzregentenzeit. Da heißt's: ›Das Bier war noch dunkel ...‹«, und er lächelt verschmitzt, weil er sich freut, dass sein ehemaliger Chef, dass der damals noch so junge Prinz Luitpold, ihm und den Bayern ein Stück urbayerischer Lebensart und urbayerischen Selbstverständnisses zurückgegeben hat. Das »König Ludwig Dunkel« wird bis heute und ausschließlich im Kaltenberger Schloss gebraut.

Während des Kaltenberger Ritterturniers gibt es gleich mehrere Möglichkeiten, sich vom Genuss und der Qualität »königlicher Braukunst« zu überzeugen. Man könnte, ganz stilvoll, im Schlossrestaurant ein Biermenü bestellen: Vorspeise, Hauptspeise, Nachspeise, alles ist mit einer jeweils anderen Kaltenberger Biersorte zubereitet, alles schmeckt köstlich auf eine bislang ganz unbekannte Art. Und natürlich trinkt man zum jeweiligen Gang auch ein kleines Glas des zugehörigen Biers.

Eine andere, besonders reizvolle Möglichkeit, sich mit dem Bier mal vertraut zu machen, ist eine Führung durch die Schlossbrauerei, durch Sudhaus, Gär- und Lagerkeller. Hier erfährt man nicht nur viel von den technischen Abläufen, von all den Produktionsschritten, die nötig sind zur Erzeugung eines edlen Bieres, man spürt vor allem auch etwas von der Liebe zum Handwerk, mit der hier Bier gebraut und Brautradition gepflegt wird.

Die einfachste und naheliegendste Möglichkeit allerdings, das Kaltenberger Bier kennen zu lernen, ist, beim Ritterturnier ein Krügerl zu trinken. Ein guter Schluck Bier passt bestens zur mittelalterlichen Festivität. Wie sagte doch Prinz Luitpold: »Auf der Wies'n besaufen sich die Leute, in Kaltenberg pflegt man die Bierkultur ...«

Und wer auf den Geschmack gekommen ist, der nimmt sich sein Ritterkrügerl mit nach Hause, mit dem aktuellen Motiv des Ritterturniers, und während er das Jahr über auf den nächsten Juli wartet, trinkt er sein Kaltenberger Bier aus diesem stilechten Andenken.

Z'Wohlsein! Prost!

Literatur (Auswahl)

Burgkmair, H.: Turnier-Buch, Neuausgabe Dortmund 1978
Diamond, M.: Just a Minute!, London 1982
Fleckenstein, J. (Hrsg.): Das ritterliche Turnier im Mittelalter, Göttingen 1985
Glaser, H. (Hrsg.): Wittelsbach und Bayern, Beiträge zur bayerischen Geschichte und Kunst, München 1980
Glaser, H. (Hrsg.): Wittelsbach und Bayern, Katalog der Ausstellung in der Residenz in München, München 1980
Hausenstein, W.: Wanderungen – Auf den Spuren der Zeiten, Frankfurt 1935
Hubensteiner, Benno: Bayerische Geschichte, München 1980
Joosten, H.-D. / Kürzeder, Ch. (Hrsg.): Via Claudia – Stationen einer Straße, Großweil 2000
Kirmeier, J. / Treml, M. (Hrsg.): Glanz und Ende der alten Klöster, München 1991
Leitgeb, E.: Die schönsten Helden- und Rittersagen des Mittelalters, Wien ca. 1965
Nöhbauer, H.F.: Wittelsbach und Bayern, Reisen durch 800 Jahre Geschichte, München 1980
Wunderlich, A.: Ludwig II., Leben – Schlösser – Dynastie, Garmisch-Partenkirchen 1987

Dank

Karl Bechler, Martin John, Karin Kaindl, Detlev Motz,
Theresa Wagner, Martin Zeiller

Bildnachweis

Alle Fotos von Peter Ernszt und aus dem Archiv des »Kaltenberger Ritterturniers«, außer S. 2/3, 80/81, 147 o. (Detlev Motz), S. 112 (Klaus Bock) und S. 136, 137, 138, 139, 140, 141, 144 u. (Sammlung C. Weber)

Besuchen Sie uns im Internet: www.langen-mueller-verlag.de

© 2004 by Langen Müller in der
F. A. Herbig Verlagsbuchhandlung GmbH, München
Alle Rechte vorbehalten
Drucken und Binden: Offizin Andersen Nexö, Leipzig
Printed in Germany
ISBN 3-7844-2954-8